σχολείο - โรงเรียน   2
ταξίδι - การท่องเที่ยว   5
μεταφορά - ขนส่ง   8
πόλη - เมือง   10
τοπίο - ภูมิประเทศ   14
εστιατόριο - ร้านอาหาร   17
σούπερ μάρκετ - ซูเปอร์มาร์เก็ต   20
ποτά - เครื่องดื่ม   22
φαγητό - อาหาร   23
αγρόκτημα - ฟาร์ม   27
σπίτι - บ้าน   31
σαλόνι - ห้องนั่งเล่น   33
κουζίνα - ห้องครัว   35
μπάνιο - ห้องน้ำ   38
παιδικό δωμάτιο - ห้องพักสำหรับเด็ก   42
ρούχα - เสื้อผ้า   44
γραφείο - สำนักงาน   49
οικονομία - ความประหยัด   51
επαγγέλματα - อาชีพ   53
εργαλεία - เครื่องมือ   56
μουσικά όργανα - เครื่องดนตรี   57
ζωολογικός κήπος - สวนสัตว์   59
αθλήματα - กีฬา   62
δραστηριότητες - กิจกรรม   63
οικογένεια - ครอบครัว   67
σώμα - ร่างกาย   68
νοσοκομείο - โรงพยาบาล   72
έκτακτη ανάγκη - ฉุกเฉิน   76
Γη - โลก   77
ρολόι - นาฬิกา   79
εβδομάδα - สัปดาห์   80
έτος - ปี   81
σχήματα - รูปร่าง   83
χρώματα - สี   84
αντίθετα - ตรงกันข้าม   85
αριθμοί - เลข/จำนวน   88
γλώσσες - ภาษา   90
ποιος / τι / πως - ใคร / อะไร / อย่างไร   91
που - ที่ไหน   92

Impressum
Verlag: BABADADA GmbH, Nedderfeld 112 , 22529 Hamburg
Geschäftsführer / Verlagsleitung: Harald Hof
Druck: Books on Demand GmbH, In de Tarpen 42, 22848 Norderstedt

Imprint
Publisher: BABADADA GmbH, Nedderfeld 112 , 22529 Hamburg, Germany
Managing Director / Publishing direction: Harald Hof
Print: Books on Demand GmbH, In de Tarpen 42, 22848 Norderstedt

σχολείο

โรงเรียน

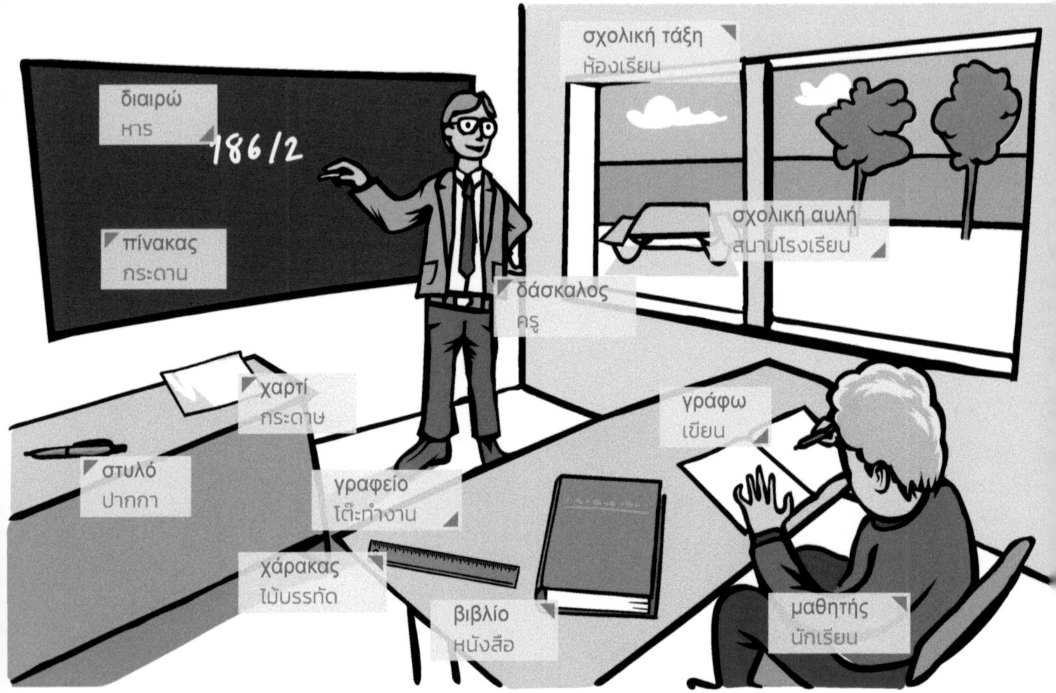
σχολική τάξη
ห้องเรียน
διαιρώ
หาร
186/2
πίνακας
กระดาน
σχολική αυλή
สนามโรงเรียน
δάσκαλος
ครู
χαρτί
กระดาษ
γράφω
เขียน
στυλό
ปากกา
γραφείο
โต๊ะทำงาน
χάρακας
ไม้บรรทัด
βιβλίο
หนังสือ
μαθητής
นักเรียน

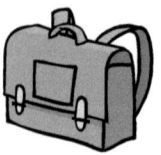

σχολική τσάντα

กระเป๋าหนังสือ

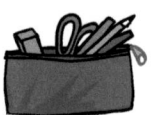

κασετίνα/ μολυβοθήκη

กล่องดินสอ

μολύβι

ดินสอ

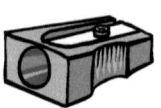

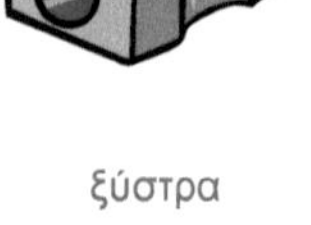

ξύστρα

กบเหลาดินสอ

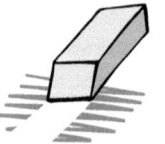

γόμα

ยางลบ

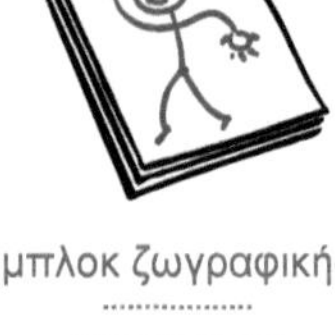

μπλοκ ζωγραφικής

สมุดวาดภาพ

ζωγραφική

ภาพวาด

πινέλο

พู่กัน

κουτί χρωμάτων

กล่องสี

ψαλίδι

กรรไกร

κόλλα

กาว

τετράδιο ασκήσεων

สมุดแบบฝึกหัด

εργασία για το σπίτι

การบ้าน

αριθμός

ตัวเลข

προσθέτω

บวก

αφαιρώ

ลบ

πολλαπλασιάζω

คูณ

υπολογίζω

คำนวณ

γράμμα

ตัวอักษร

αλφάβητο

ตัวอักษรพยัญชนะ

λέξη

คำ

κείμενο

ข้อความ

διαβάζω

อ่าน

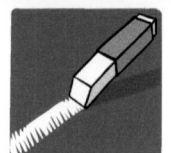

κιμωλία

ชอล์ก

μάθημα

บทเรียน

εγγράφομαι

ลงทะเบียน

τεστ

การสอบ

πιστοποιητικό

ใบรับรอง

μαθητική στολή

ชุดนักเรียน

εκπαίδευση

การศึกษา

εγκυκλοπαίδεια

สารานุกรม

πανεπιστήμιο

มหาวิทยาลัย

μικροσκόπιο

กล้องจุลทรรศน์

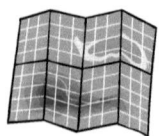

χάρτης

แผนที่

καλάθι αχρήστων

ตะกร้าใส่เศษกระดาษที่ไม่ใช้แล้ว

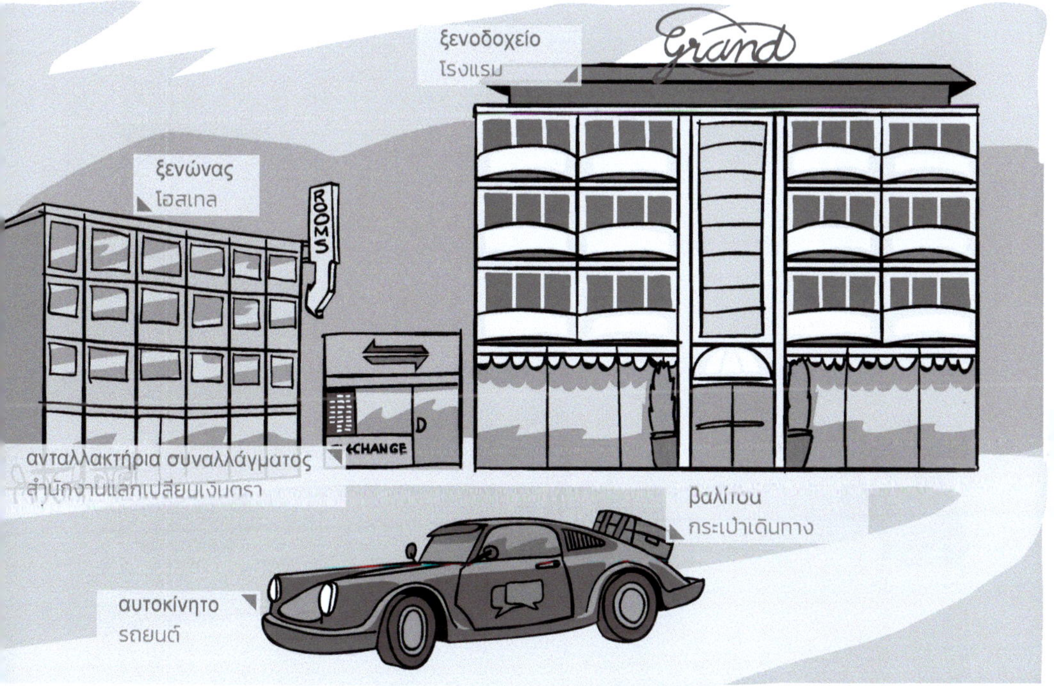

ξενοδοχείο
โรงแรม

Grand

ξενώνας
โฮสเทล

ανταλλακτήρια συναλλάγματος
สำนักงานแลกเปลี่ยนเงินตรา

EXCHANGE

βαλίτσα
กระเป๋าเดินทาง

αυτοκίνητο
รถยนต์

γλώσσα

ภาษา

ναι / όχι

ใช่/ไม่ใช่

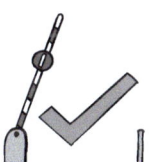

εντάξει

ตกลง

γεια σου

สวัสดี

μεταφραστής

นักแปล

Ευχαριστώ

ขอบคุณ

πόσο κάνει ;

ราคาเท่าไหร่...?

Δε καταλαβαίνω

ฉันไม่เข้าใจ

πρόβλημα

ปัญหา

Καλησπέρα!

สวัสดีตอนเย็น

Καλημέρα!

สวัสดีตอนเช้า

Καληνύχτα!

ราตรีสวัสดิ์

Αντίο

แล้วพบกันใหม่

κατεύθυνση

ทิศทาง

αποσκευές

กระเป๋าเดินทาง

τσάντα

กระเป๋า

σακίδιο πλάτης

กระเป๋าสะพายหลัง

καλεσμένος

แขก

δωμάτιο

ห้อง

υπνόσακος

ถุงนอน

σκηνή

เต้นท์

τουριστικές πληροφορίες

ข้อมูลนักท่องเที่ยว

παραλία

ชายหาด

πιστωτική κάρτα

บัตรเครดิต

πρωινό

มื้อเช้า

μεσημεριανό

มื้อกลางวัน

δείπνο

มื้อเย็น

εισιτήριο

ตั๋ว

ανελκυστήρας

ลิฟต์

γραμματόσημο

แสตมป์

σύνορα

พรมแดน

τελωνείο

ภาษีศุลกากร

πρεσβεία

สถานทูต

βίζα

วีซ่า

διαβατήριο

พาสปอร์ต

μεταφορά

ขนส่ง

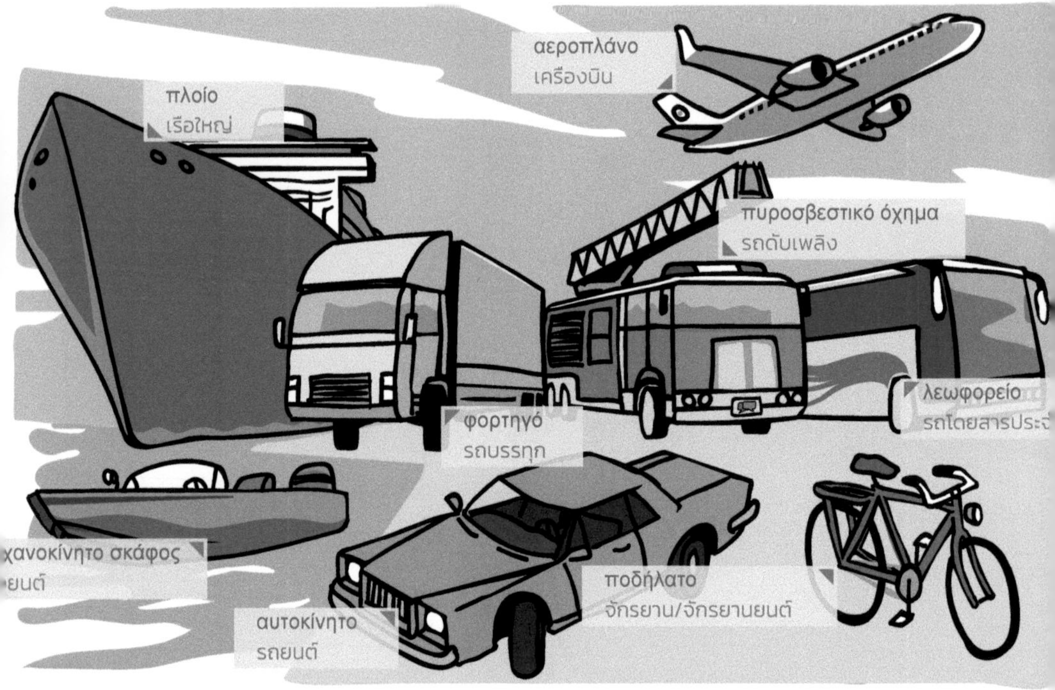
αεροπλάνο
เครื่องบิน
πλοίο
เรือใหญ่
πυροσβεστικό όχημα
รถดับเพลิง
λεωφορείο
รถโดยสารประ
φορτηγό
รถบรรทุก
χανοκίνητο σκάφος
ยนต์
ποδήλατο
จักรยาน/จักรยานยนต์
αυτοκίνητο
รถยนต์

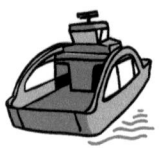

φεριμπότ

เรือข้ามฟาก

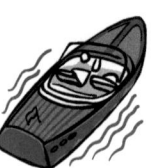

βάρκα

เรือ

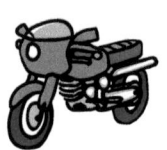

μοτοσικλέτα

รถจักรยานยนต์

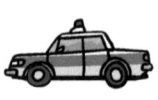

περιπολικό

รถตำรวจ

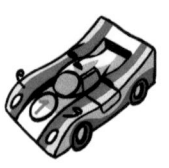

αγωνιστικό αυτοκίνητο

รถแข่ง

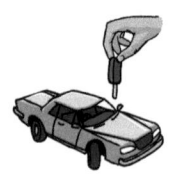

ενοικιαζόμενο αυτοκίνητο

รถเช่า

διαμοιρασμός αυτοκινήτων

การแบ่งกันใช้รถยนต์

γερανός

รถลาก

απορριμματοφόρο

รถขยะ

κινητήρας

เครื่องยนต์

καύσιμο

เชื้อเพลิง

βενζινάδικο

ปั๊มน้ำมัน

πινακίδα σήμανσης

เครื่องหมายจราจร

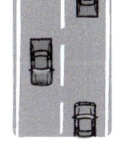

κυκλοφορία

การจราจร

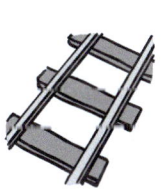

κυκλοφοριακή συμφόρηση

การจราจรติดขัด

χώρος στάθμευσης

ที่จอดรถ

σιδηροδρομικός σταθμός

สถานีรถไฟ

σιδηροδρομικές γραμμές

รางรถไฟ

τρένο

รถไฟ

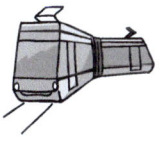

τραμ

รถราง

βαγόνι

ตู้รถไฟ

μεταφορά - ขนส่ง   9

ελικόπτερο

เฮลิคอปเตอร์

αεροδρόμιο

สนามบิน

πύργος

หอคอย

επιβάτης

ผู้โดยสาร

εμπορευματοκιβώτιο

ตู้บรรจุสินค้า

χαρτοκιβώτιο

กล่องกระดาษ

καρότσι

รถเข็น/รถลาก

καλάθι

ตะกร้า

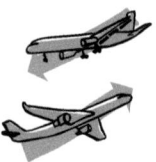

**απογειώνομαι /
προσγειόνομαι**

บินขึ้น/ ลงจอด

πόλη
เมือง

χωριό

หมู่บ้าน

κέντρο της πόλης

ใจกลางเมือง

σπίτι

บ้าน

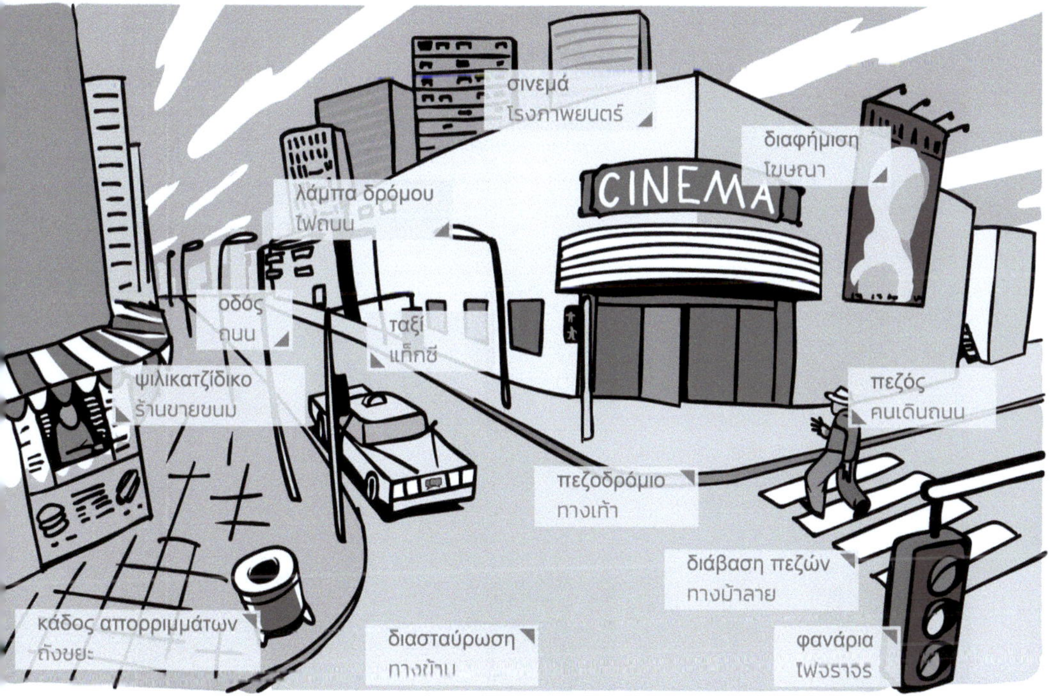

σινεμά / โรงภาพยนตร์

διαφήμιση / โฆษณา

λάμπα δρόμου / ไฟถนน

οδός / ถนน

ταξί / แท็กซี่

ψιλικατζίδικο / ร้านขายขนม

πεζός / คนเดินถนน

πεζοδρόμιο / ทางเท้า

διάβαση πεζών / ทางม้าลาย

κάδος απορριμμάτων / ถังขยะ

διασταύρωση / ทางแยก

φανάρια / ไฟจราจร

καλύβα

กระท่อม

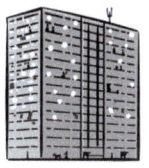

διαμέρισμα

แฟลต

σιδηροδρομικός σταθμός

สถานีรถไฟ

δημαρχείο

ศาลากลางจังหวัด

μουσείο

พิพิธภัณฑ์

σχολείο

โรงเรียน

πανεπιστήμιο

มหาวิทยาลัย

τράπεζα

ธนาคาร

νοσοκομείο

โรงพยาบาล

ξενοδοχείο

โรงแรม

φαρμακείο

ร้านขายยา

γραφείο

สำนักงาน

βιβλιοπωλείο

ร้านขายหนังสือ

κατάστημα

ร้านค้า

ανθοπωλείο

ร้านขายดอกไม้

σούπερ μάρκετ

ซูเปอร์มาร์เก็ต

αγορά

ตลาด

πολυκατάστημα

ห้างสรรพสินค้า

ιχθυοπωλείο

ร้านขายปลา

εμπορικό κέντρο

ศูนย์การค้า

λιμάνι

ท่าเรือ

πάρκο

สวนสาธารณะ

παγκάκι

ม้านั่ง

γέφυρα

สะพาน

σκάλες

บันได

μετρό

รถไฟใต้ดิน

τούνελ

อุโมงค์

στάση λεωφορείου

ป้ายรถเมล์

μπαρ

บาร์

εστιατόριο

ร้านอาหาร

γραμματοκιβώτιο

ตู้ไปรษณีย์

πινακίδα δρόμου

ป้ายชื่อถนน

παρκόμετρο

มิเตอร์เก็บค่าจอดรถ

ζωολογικός κήπος

สวนสัตว์

πισίνα

สระว่ายน้ำ

τζαμί

สุเหร่า/มัสยิด

αγρόκτημα
ฟาร์ม

ρύπανση
มลพิษ

νεκροταφείο
สุสาน

εκκλησία
โบสถ์

παιδική χαρά
สนามเด็กเล่น

ναός
วัด

τοπίο
ภูมิประเทศ

φύλλο
ใบไม้

πινακίδα κατεύθυνσης
ป้ายบอกทาง

δρόμος
ทาง

λιβάδι
ทุ่งหญ้า

πέτρα
ก้อนหิน

δέντρο
ต้นไม้

πεζοπόρος
นักเดินทางไกลด้วยเท้า

ποτάμι
แม่น้ำ

χορτάρι
หญ้า

λουλούδι
ดอกไม้

κοιλάδα

หุบเขา

λόφος

เนินเขา

λίμνη

ทะเลสาบ

δάσος

ป่า

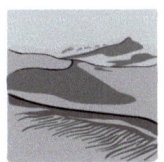

έρημος

ทะเลทราย

ηφαίστειο

ภูเขาไฟ

κάστρο

คฤหาสน์

ουράνιο τόξο

รุ้งกินน้ำ

μανιτάρι

เห็ด

φοίνικας

ต้นปาล์ม

κουνούπι

ยุง

μύγα

แมลงวัน

μυρμήγκι

มด

μέλισσα

ผึ้ง

αράχνη

แมงมุม

σκαθάρι

แมลงปีกแข็ง

βάτραχος

กบ

σκίουρος

กระรอก

σκαντζόχοιρος

เม่น

λαγός

กระต่ายป่า

κουκουβάγια

นกฮูก

πουλί

นก

κύκνος

หงส์

αγριογούρουνο

หมูป่าตัวผู้

ελάφι

กวาง

άλκη

กวางมูส

φράγμα

เขื่อน

ανεμογεννήτρια

กังหันลม

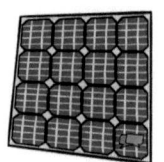

ηλιακός συλλέκτης

แผงโซล่าเซลล์

κλίμα

สภาพอากาศ

εστιατόριο
ร้านอาหาร

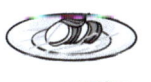

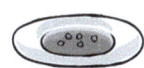

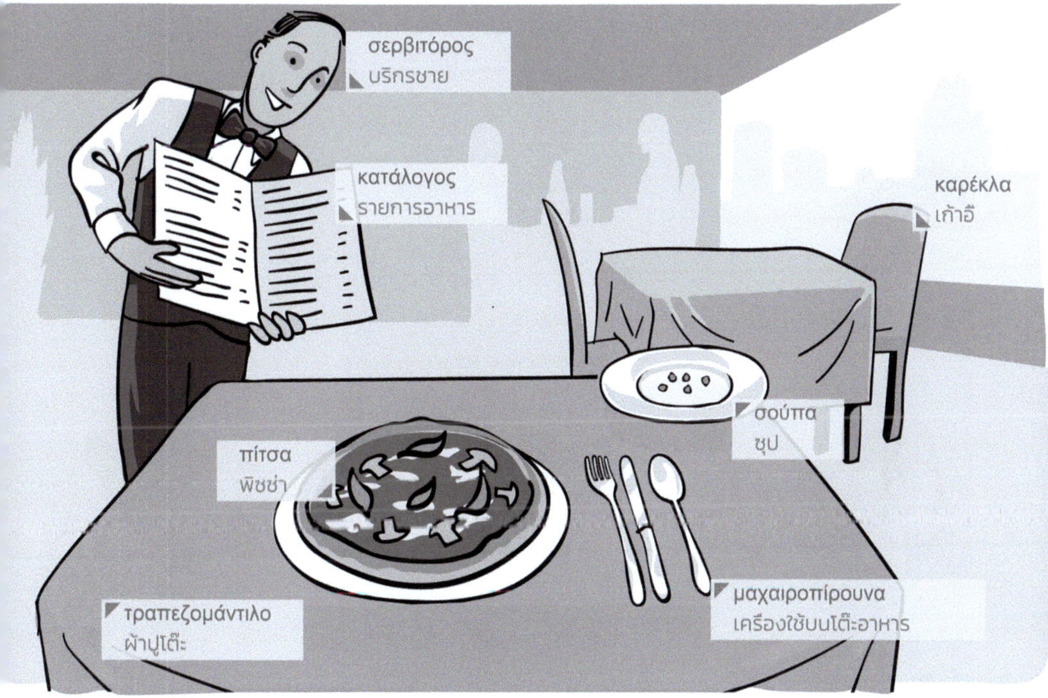
σερβιτόρος
บริกรชาย
κατάλογος
รายการอาหาร
καρέκλα
เก้าอี้
σούπα
ซุป
πίτσα
พิซซ่า
μαχαιροπίρουνα
เครื่องใช้บนโต๊ะอาหาร
τραπεζομάντιλο
ผ้าปูโต๊ะ

ορεκτικό

อาหารเรียกน้ำย่อย

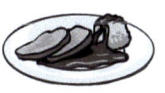

κύριο πιάτο

อาหารจานหลัก

επιδόρπιο

ของหวาน

ποτά

เครื่องดื่ม

ψυγι|ιύ

อาหาร

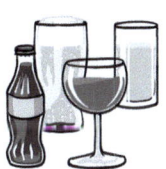

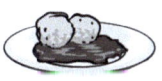

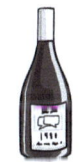

μπουκάλι

ขวด

φαστ φουντ

อาหารจานด่วน

φαγητό στ' όρθιο

ร้านข้างถนน

τσαγιέρα

กาน้ำชา

δοχείο ζάχαρης

โถใส่น้ำตาล

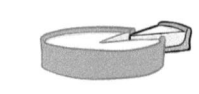

μερίδα

ส่วนแบ่งอาหารสำหรับหนึ่งคน

μηχανή εσπρέσο

เครื่องชงกาแฟเอสเปรสโซ่

ψηλή καρέκλα

เก้าอี้สูง

λογαριασμός

ใบเสร็จ

δίσκος

ถาด

μαχαίρι

มีด

πιρούνι

ส้อม

κουτάλι

ช้อน

κουταλάκι του τσαγιού

ช้อนชา

πετσέτα φαγητού

ผ้าเช็ดปากบนโต๊ะอาหาร

ποτήρι

แก้วน้ำ

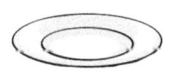

πιάτο

จาน

πιάτο σούπας

จานซุป

πιατάκι φλιτζανιού

จานรอง

σάλτσα

ซอส

αλατιέρα

กระปุกเกลือ

μύλος για πιπέρι

กระปุกบดพริกไทย

ξύδι

น้ำส้มสายชู

λάδι

น้ำมันที่ใช้ปรุงอาหาร

μπαχαρικά

เครื่องเทศ

κέτσαπ

ซอสมะเขือเทศ

μουστάρδα

มัสตาร์ด

μαγιονέζα

มายองเนส

σούπερ μάρκετ
ซูเปอร์มาร์เก็ต

προσφορά
ข้อเสนอพิเศษ
FOR
πελάτης
ลูกค้า
γαλακτοκομικά προϊόντα
ผลิตภัณฑ์ที่ทำจากนม
φρούτα
ผลไม้
καρότσι για ψώνια
รถเข็น

BUTCHERS

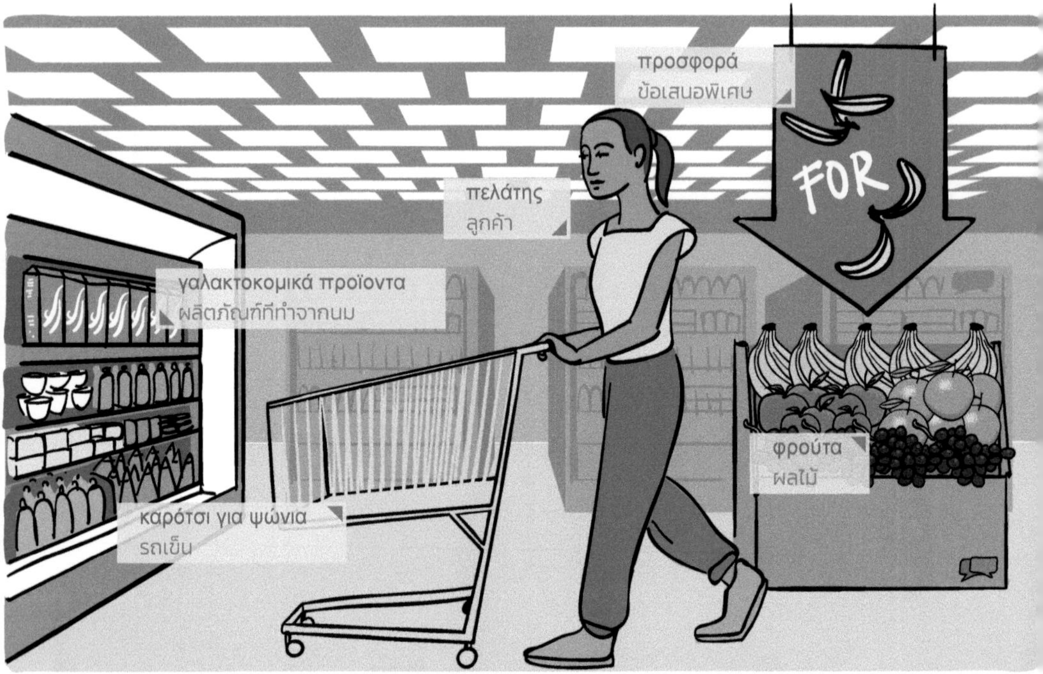

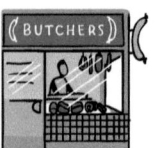

κρεοπωλείο

ร้านขายเนื้อ

BAKERY

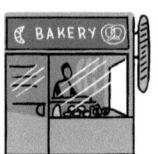

φούρνος

ร้านขายขนมปัง

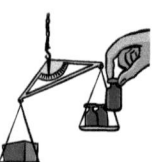

ζυγίζω

ชั่งน้ำหนัก

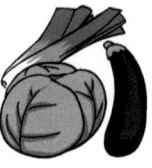

λαχανικά

ผัก

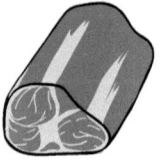

κρέας

เนื้อ

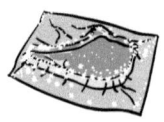

κατεψυγμένα τρόφιμα

อาหารแช่แข็ง

αλλαντικά
อาหารเนื้อตัดเย็น

κονσερβοποιημένη τροφή
อาหารกระป๋อง

γλυκά
ขนมหวาน/ลูกกวาด

οικιακά είδη
ผลิตภัณฑ์ในครัวเรือน

απορρυπαντικό ρούχων
ผงซักฟอก

καθαριστικά προϊόντα
ผลิตภัณฑ์ทำความสะอาด

πωλήτρια
พนักงานขายหญิง

ταμείο
เครื่องคิดเงิน

ταμίας
พนักงานจ่ายเงิน

λίστα για ψώνια
รายการซื้อของ

ωράριο λειτουργίας
เวลาเปิดทำการ

πορτοφόλι
กระเป๋าสตางค์

πιστωτική κάρτα
บัตรเครดิต

τσάντα
กระเป๋า

πλαστική σακούλα
ถุงพลาสติก

νερό

น้ำเปล่า

χυμός

น้ำผลไม้

γάλα

นม

κόκα κόλα

โค้ก

κρασί

ไวน์

μπίρα

เบียร์

αλκοόλ

แอลกอฮอล์

κακάο

โกโก้

τσάι

ชา

καφές

กาแฟ

εσπρέσο

เอสเปรสโซ่

καπουτσίνο

คาปูชิโน่

μπανάνα

กล้วย

μήλο

แอปเปิล

πορτοκάλι

ส้ม

πεπόνι

เมลอน

λεμόνι

มะนาว

καρότο

แครอท

σκόρδο

กระเทียม

μπαμπού

ต้นไผ่

κρεμμύδι

หัวหอม

μανιτάρι

เห็ด

ξηροί καρποί

ถั่ว

νουντλς

ก๋วยเตี๋ยว

μακαρόνια

สปาเก็ตตี้

ρύζι

ข้าว

σαλάτα

สลัด

πατατάκια

มันฝรั่งทอด

τηγανητές πατάτες

มันฝรั่งทอด

πίτσα

พิซซ่า

χάμπουργκερ

แฮมเบอร์เกอร์

σάντουιτς

แซนด์วิช

κοτολέτα

ชิ้นเนื้อไร้กระดูก

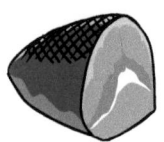

ζαμπόν

แฮม

σαλάμι

ไส้กรอกแห้งซาลามิ

λουκάνικο

ไส้กรอก

κοτόπουλο

ไก่

ψητό

ย่าง/ปิ้ง

ψάρι

ปลา

χυλός βρώμης

โจ๊กข้าวโอ๊ต

μούσλι

ธัญพืชอบกรอบ

κορν φλέικς

คอร์นเฟล็ค

αλεύρι

แป้งทำอาหาร

κρουασάν

ครัวซองค์

ψωμάκι

ขนมปังสโคน

ψωμί

ขนมปัง

τοστ

ขนมปังปิ้ง

μπισκότα

บิสกิต

βούτυρο

เนย

τυρόπηγμα

นมข้น

κέικ

เค้ก

αυγό

ไข่

τηγανητό αυγό

ไข่ดาว

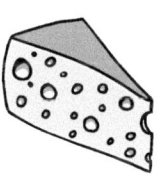

τυρί

ชีส

παγωτό

ไอศกรีม

ζάχαρη

น้ำตาล

μέλι

น้ำผึ้ง

μαρμελάδα

แยม

άλλειμμα σοκολάτας

ช็อกโกแลตครีมสเปรด

κάρυ

แกงกะหรี่

αγρόκτημα
ฟาร์ม

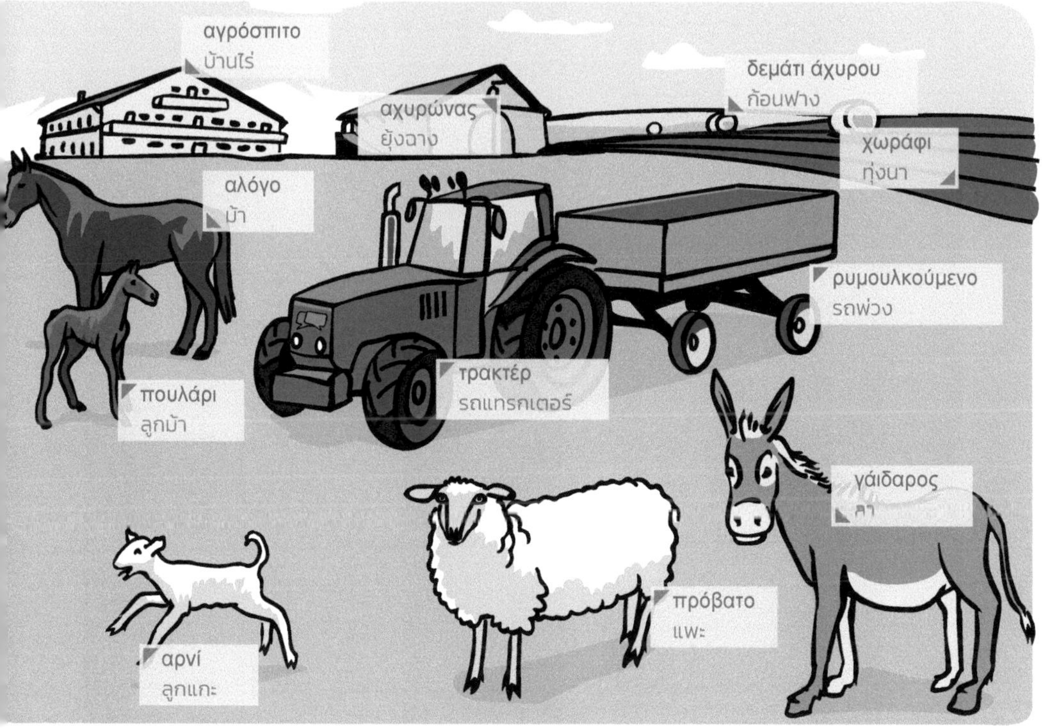
αγρόσπιτο
บ้านไร่
δεμάτι άχυρου
ก้อนฟาง
αχυρώνας
ยุ้งฉาง
χωράφι
ทุ่งนา
αλόγο
ม้า
ρυμουλκούμενο
รถพ่วง
τρακτέρ
รถแทรกเตอร์
πουλάρι
ลูกม้า
γάιδαρος
ลา
πρόβατο
แพะ
αρνί
ลูกแกะ

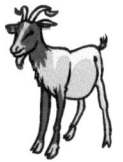

κατσίκα

แพะ

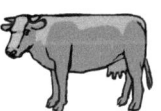

αγελάδα

วัวตัวเมีย

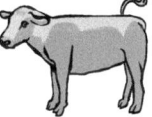

μοσχαράκι

ลูกวัว

γουρούνι

หมู

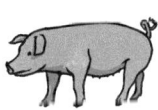

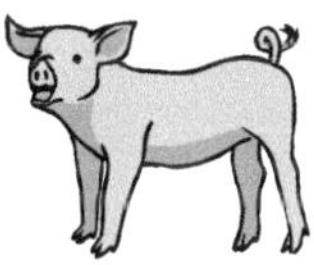

γουρουνάκι

ลูกหมู

ταύρος

วัวตัวผู้

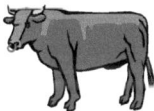

χήνα

ห่าน

πάπια

เป็ด

κοτοπουλάκι

ลูกไก่

κότα

แม่ไก่

κόκορας

ไก่ตัวผู้

αρουραίος

หนู

γάτα

แมว

ποντίκι

หนู

βόδι

วัวตัวผู้สำหรับใช้แรงงานในฟาร์
ม

σκύλος

สุนัข

σπιτάκι σκύλου

บ้านสุนัข

λάστιχο κήπου

สายยางที่ใช้ในสวน

ποτιστήρι

บัวรดน้ำต้นไม้

θεριστήρι

เคียวด้ามยาว

αλέτρι

คันไถ

δρεπάνι

เคียว

τσάπα

จอบ

δίκρανο

คราด

τσεκούρι

ค้อน

χειράμαξα

รถเข็นล้อเดียว

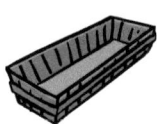

ταΐστρα

รางน้ำ

δοχείο γάλακτος

ถังใส่นม

σάκος

กระสอบ

φράχτης

รั้ว

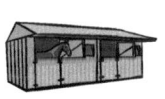

στάβλος

คอกม้า

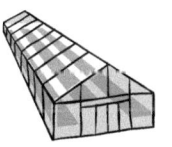

θερμοκήπιο

เรือนกระจก

έδαφος

ดิน

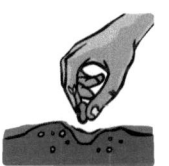

σπόρος

เมล็ดพืช

λίπασμα

ปุ๋ย

θεριζοαλωνιστική μηχανή

เครื่องเกี่ยวนวดข้าว

θερίζω

เก็บเกี่ยว

συγκομιδή

การเก็บเกี่ยว

γιαμς

มันเทศ

σιτάρι

ข้าวสาลี

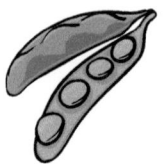

σόγια

ถั่วเหลือง

πατάτα

มันฝรั่ง

καλαμπόκι

ข้าวโพด

κράμβη

ดอกเรพซีด

οπωροφόρο δέντρο

ต้นไม้ที่ออกผล

μανιόκα

มันสำปะหลัง

δημητριακά

ธัญพืช

σπίτι

บ้าน

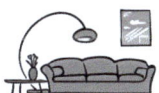

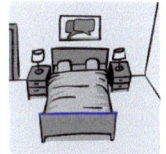

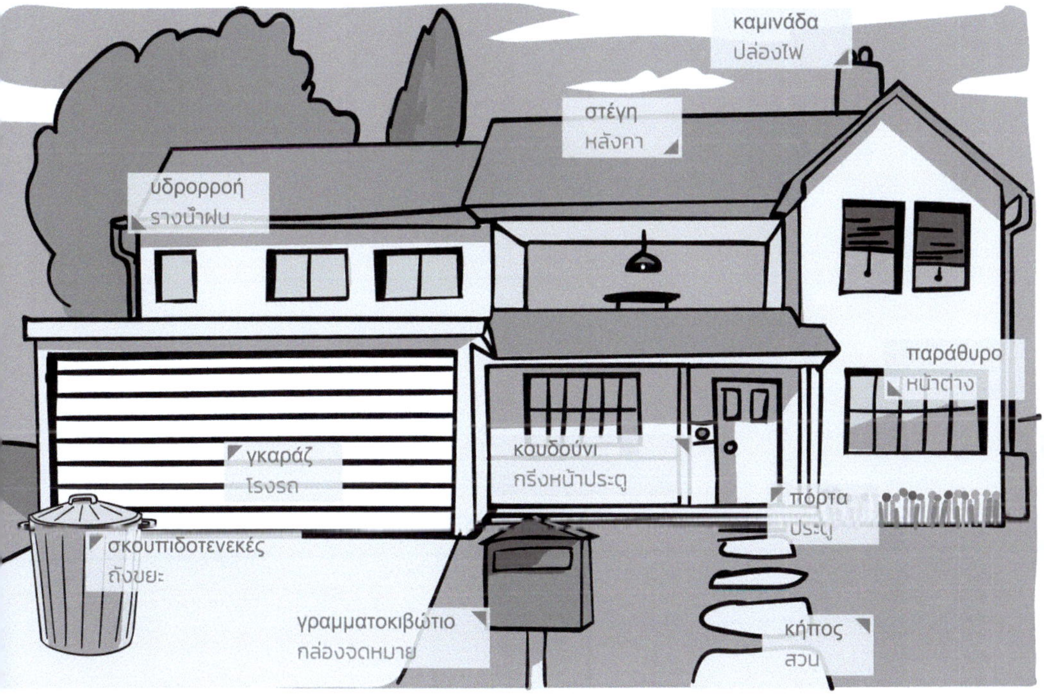
καμινάδα
ปล่องไฟ
στέγη
หลังคา
υδρορροή
รางน้ำฝน
παράθυρο
หน้าต่าง
κουδούνι
กริ่งหน้าประตู
γκαράζ
โรงรถ
πόρτα
ประตู
σκουπιδοτενεκές
ถังขยะ
γραμματοκιβώτιο
กล่องจดหมาย
κήπος
สวน

σαλόνι

ห้องนั่งเล่น

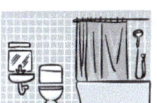

μπάνιο

ห้องน้ำ

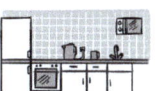

κουζίνα

ห้องครัว

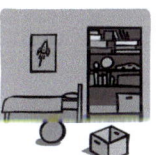

υπνοδωμάτιο

ห้องนอน

παιδικό δωμάτιο

ห้องพักสำหรับเด็ก

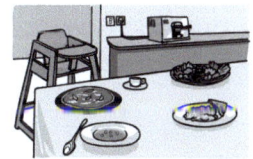

τραπεζαρία

ห้องอาหาร

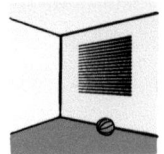

πάτωμα

พื้น

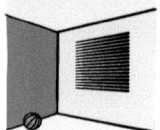

τοίχος

ผนัง

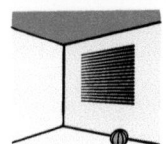

οροφή

เพดาน

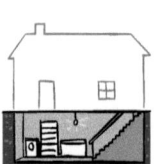

κελάρι

ห้องเก็บของใต้ดิน

σάουνα

ซาวน่า

μπαλκόνι

ระเบียง

βεράντα

ลานตะพักลำน้ำ

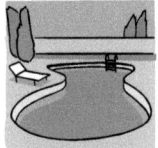

πισίνα

สระว่ายน้ำ

μηχανή του γκαζόν

เครื่องตัดหญ้า

σεντόνι

ผ้าปูที่นอน

κάλυμμα κρεβατιού

ผ้าคลุมเตียง

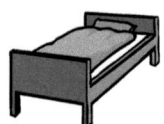

κρεβάτι

เตียง

σκούπα

ไม้กวาด

κουβάς

ถังน้ำ

διακόπτης

สวิตช์

σαλόνι
ห้องนั่งเล่น

ταπετσαρία
วอลเปเปอร์
φωτογραφία
ภาพ
λάμπα
โคมไฟ
ράφι
ชั้นวาง
ντουλάπι
ตู้
τηλεόραση
โทรทัศน์
τζάκι
เตาผิง
λουλούδι
ดอกไม้
μαξιλάρι
เบาะ
καναπές
โซฟา
βάζο
แจกัน
τηλεκοντρόλ
รีโมทคอนโทรล

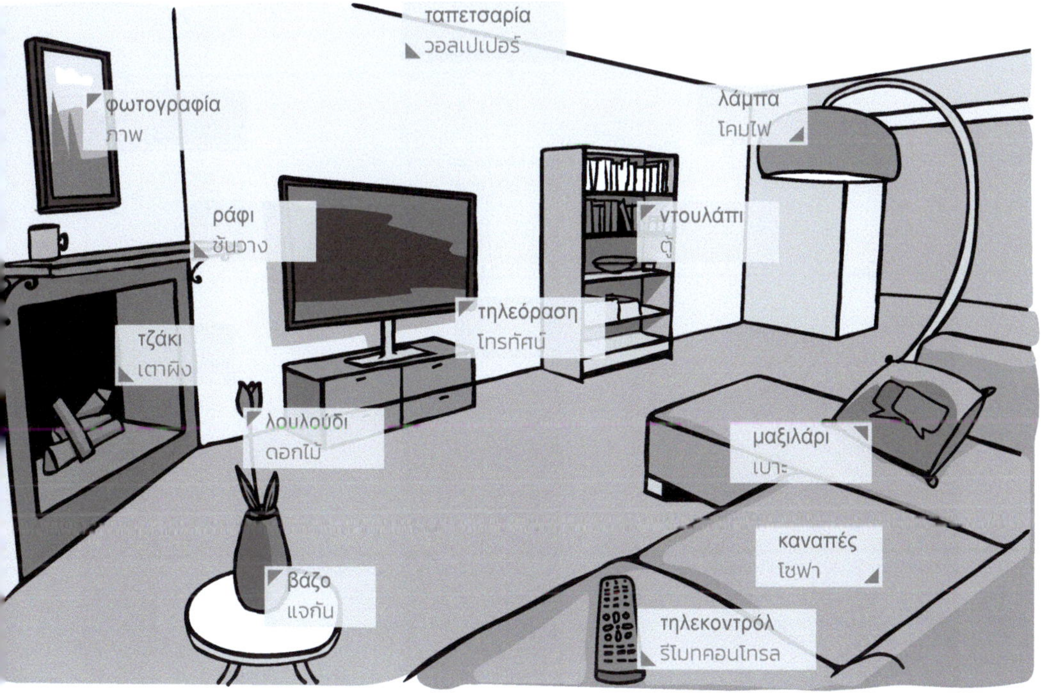

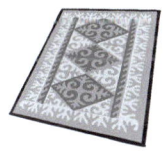

χαλί

พรมเช็ดเท้า

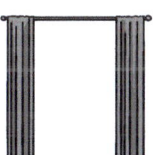

κουρτίνα

ผ้าม่าน

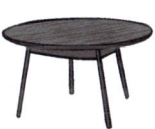

τραπέζι

โต๊ะ

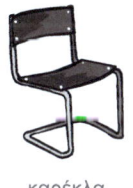

καρέκλα

เก้าอี้

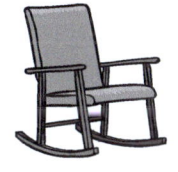

κουνιστή πολυθρόνα

เก้าอี้โยก

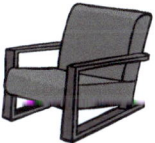

πολυθρόνα

เก้าอี้ที่มีที่วางแขน

βιβλίο

หนังสือ

κουβέρτα

ผ้าห่ม

διακόσμηση

ของตกแต่ง

καυσόξυλα

ฟืน

ταινία

ภาพยนตร์

στερεοφωνικό σύστημα

เครื่องเสียงระบบไฮไฟ

κλειδί

กุญแจ

εφημερίδα

หนังสือพิมพ์

πίνακας ζωγραφικής

จิตรกรรม

αφίσα

โปสเตอร์

ραδιόφωνο

วิทยุ

σημειωματάριο

สมุด

ηλεκτρική σκούπα

เครื่องดูดฝุ่น

κάκτος

ตะบองเพชร

κερί

เทียนไข

κουζίνα
ห้องครัว

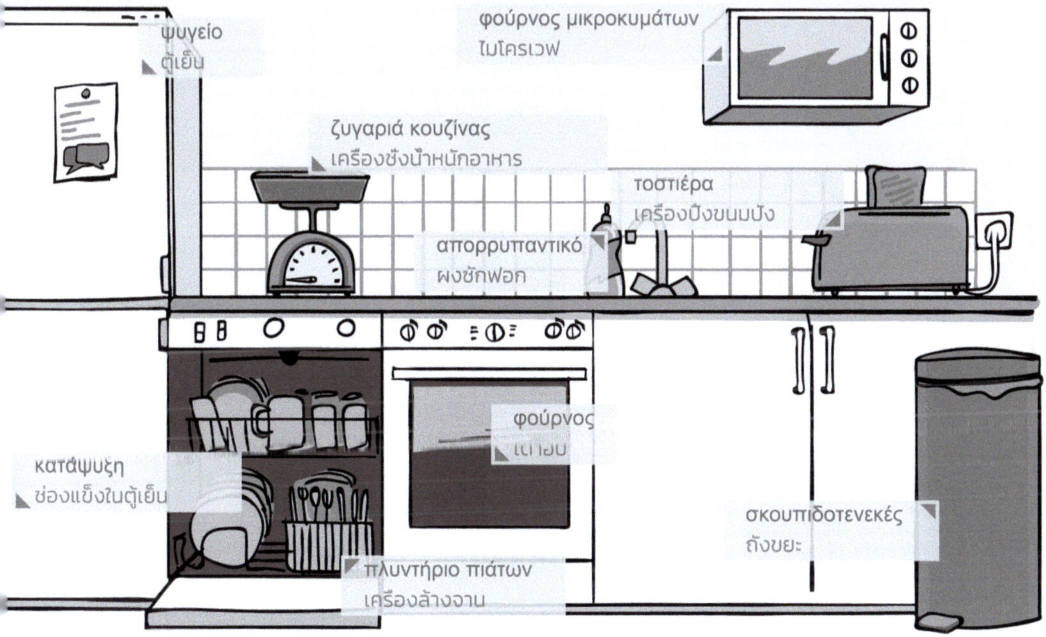

ψυγείο
ตู้เย็น
φούρνος μικροκυμάτων
ไมโครเวฟ
ζυγαριά κουζίνας
เครื่องชั่งน้ำหนักอาหาร
τοστιέρα
เครื่องปิ้งขนมปัง
απορρυπαντικό
ผงซักฟอก
φούρνος
เตาอบ
κατάψυξη
ช่องแข็งในตู้เย็น
σκουπιδοτενεκές
ถังขยะ
πλυντήριο πιάτων
เครื่องล้างจาน

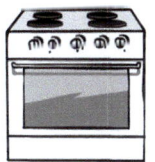

κουζίνα

เตาปรุงอาหาร

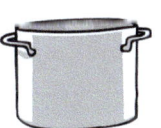

κατσαρόλα

หม้อ

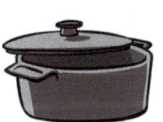

μαντεμένια κατσαρόλα

หม้อเหล็กหล่อ

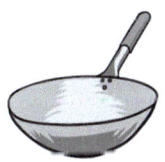

γουόκ/καντάι

กระทะจีน

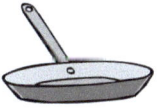

τηγάνι

กระทะ

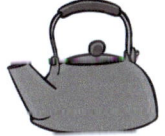

βραστήρας

กาต้มน้ำ

ατμομάγειρας

หม้อไอน้ำ

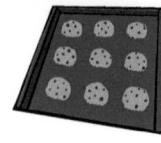

ταψί

ถาดอบ

πιατικά

เครื่องถ้วยชาม

κούπα

เหยือก

μπολ

ชาม

ξυλάκια

ตะเกียบ

κουτάλα

ทัพพีด้ามยาว

σπάτουλα

ตะหลิว

ανακατεύω

ที่ตีไข่

σουρωτήρι

ที่กรอง

σουρωτηράκι

กระชอน

τρίφτης

ที่ขูด

γουδί

ครก

ψησταριά

บาร์บีคิว

ανοιχτή φωτιά

แคมป์ไฟถาวร

σανίδα κοπής

เขียง

πλάστης

ไม้นวดแป้ง

ανοιχτήρι φελλών

สว่านเปิดจุกขวด

κονσέρβα

กระป๋อง

ανοιχτήρι κονσέρβας

ที่เปิดกระป๋อง

γάντι φούρνου

ถุงมือจับของร้อน

νεροχύτης

อ่างล้างจาน

βούρτσα

แปรง

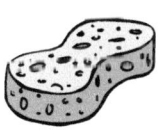

σφουγγάρι

ฟองน้ำ

μπλέντερ

เครื่องปั่น

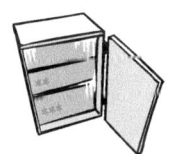

καταψύκτης

ตู้แช่แข็ง

μπιμπερό

ขวดนม

βρύση

ก๊อกน้ำ

μπάνιο
ห้องน้ำ

ντους
ฝักบัว
θέρμανση
เครื่องทำความร้อน
πετσέτα
ผ้าเช็ดมือ
κουρτίνα ντουζ
ม่านห้องน้ำ
αφρόλουτρο
สบู่ทำฟอง
μπανιέρα
อ่างอาบน้ำ
ποτήρι
แก้วน้ำ
πλυντήριο ρούχων
เครื่องซักผ้า
βρύση
ก๊อกน้ำ
πλακάκια
กระเบื้อง
γιογιό
โถส้วมสำหรับเด็ก
νεροχύτης
อ่างล้างจาน

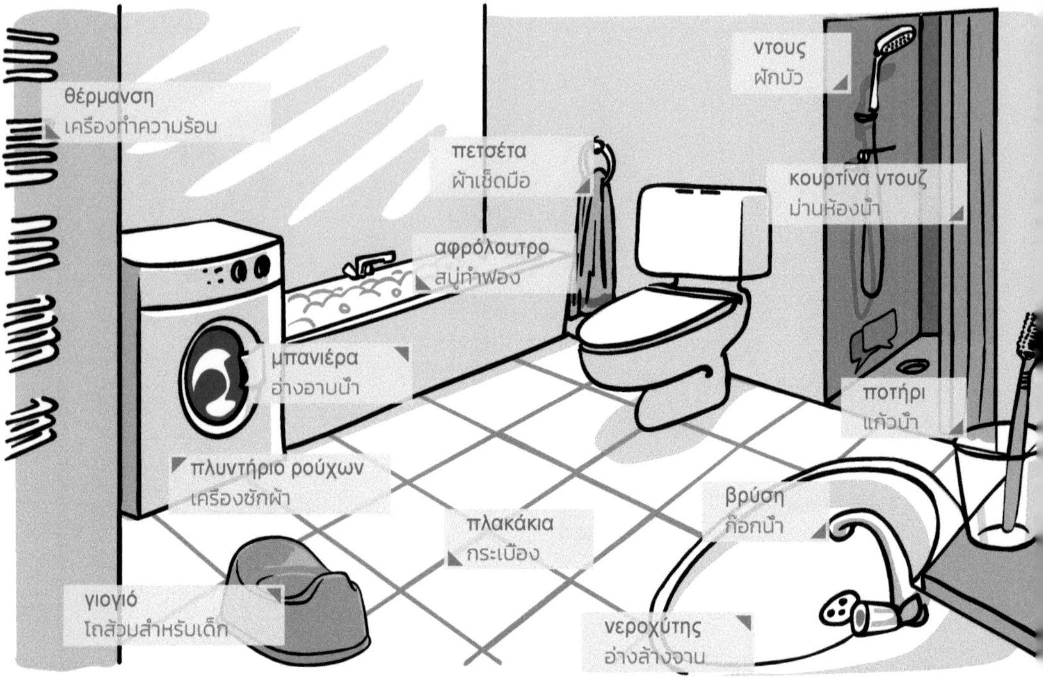

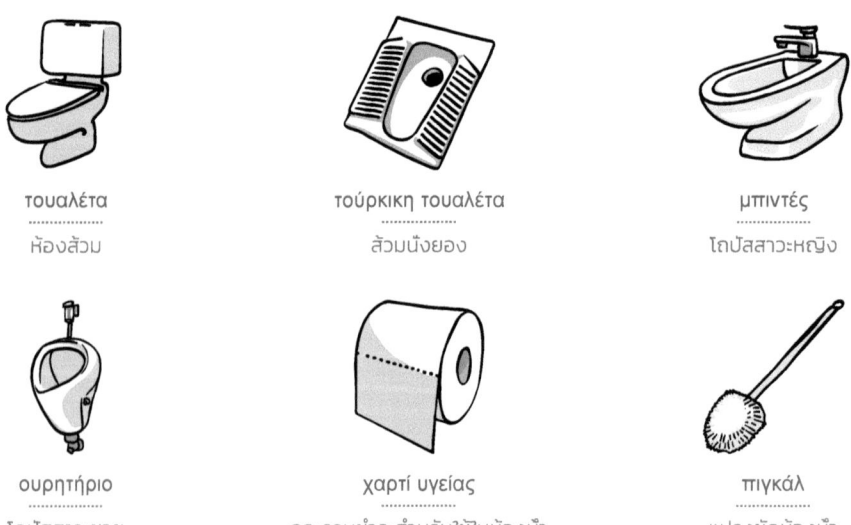

τουαλέτα

ห้องส้วม

τούρκικη τουαλέτα

ส้วมนั่งยอง

μπιντές

โถปัสสาวะหญิง

ουρητήριο

โถปัสสาวะชาย

χαρτί υγείας

กระดาษชำระสำหรับใช้ในห้องน้ำ

πιγκάλ

แปรงขัดห้องน้ำ

οδοντόβουρτσα

แปรงสีฟัน

οδοντόκρεμα

ยาสีฟัน

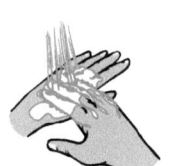

οδοντικό νήμα

ไหมขัดฟัน

πλένω

ล้าง

τηλέφωνο ντους

ฝักบัวมือ

ντουσιέρα

สายฉีดชำระ

λεκάνη

อ่างล้างหน้า

βούρτσα πλάτης

แปรงถูหลัง

σαπούνι

สบู่

αφρόλουτρο

เจลอาบน้ำ

σαμπουάν

แชมพู

φανέλα

ผ้าสักหลาด

σιφόνι

ที่ระบายน้ำทิ้ง

κρέμα

ครีม

αποσμητικό

ผลิตภัณฑ์ระงับกลิ่นตัว

καθρέφτης

กระจก

καθρέφτης χειρός

กระจกถือ

ξυραφάκι

ที่โกนหนวด

αφρός ξυρίσματος

โฟมโกนหนวด

αφτερσέιβ

โลชั่นบำรุงผิวหลังโกนหนวด

χτένα

หวี

βούρτσα

แปรง

σεσουάρ

ไดร์เป่าผม

λακ

สเปรย์ฉีดผม

μακιγιάζ

ชุดเครื่องสำอาง

κραγιόν

ลิปสติก

βερνίκι νυχιών

น้ำยาทาเล็บ

βαμβάκι

สำลี

ψαλίδι νυχιών

กรรไกรตัดเล็บ

άρωμα

น้ำหอม

νεσεσέρ

กระเป๋าอาบน้ำ

σκαμπό

เก้าอี้สามขา

ζυγαριά

เครื่องชั่งน้ำหนัก

μπουρνούζι

เสื้อคลุมอาบน้ำ

ελαστικά γάντια

ถุงมือยาง

ταμπόν

ผ้าอนามัยแบบสอด

πετσέτα υγιεινής

ผ้าอนามัย

χημική τουαλέτα

ส้วมเคมี

παιδικό δωμάτιο
ห้องพักสำหรับเด็ก

ξυπνητήρι
นาฬิกาปลุก
λούτρινο ζωάκι
ของเล่นน่ารักน่ากอด
αυτοκινητάκι
รถยนต์ของเล่น
κουδουνίστρα
ของเล่นประเภทเขย่าแล้วมีเสียง
κουκλόσπιτο
บ้านตุ๊กตา
δώρο
ของขวัญ

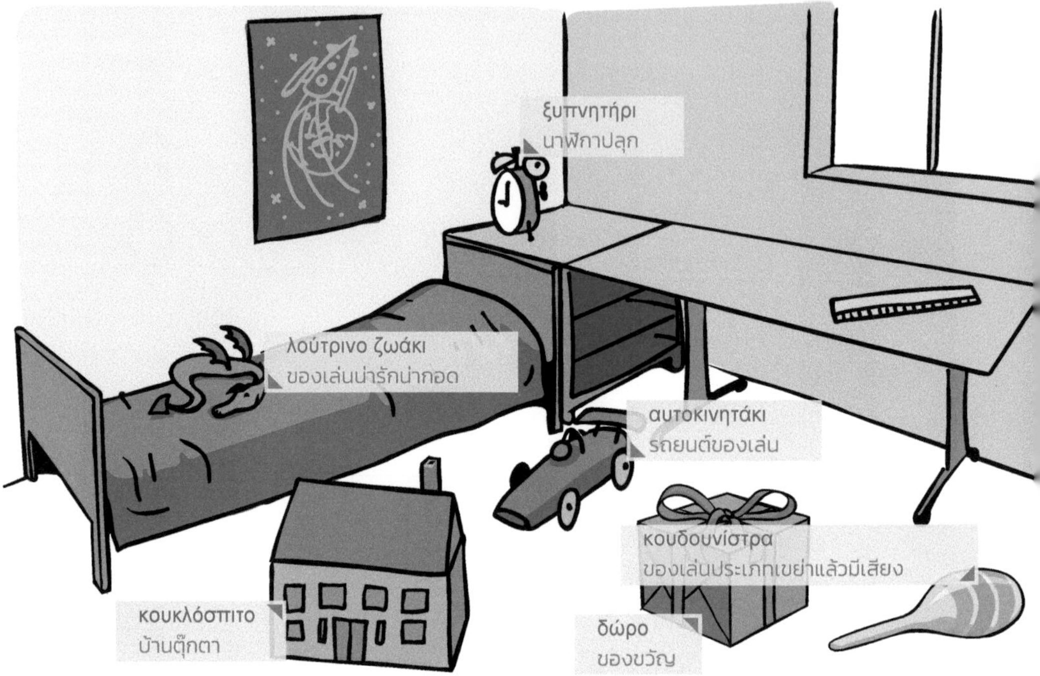

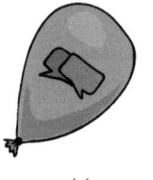

μπαλόνι

ลูกโป่ง

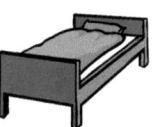

κρεβάτι

เตียง

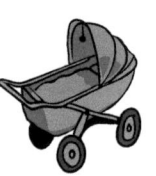

καροτσάκι

รถเข็นเด็ก

τράπουλα

สำรับไพ่

παζλ

จิ๊กซอว์

SUPER
MEGA

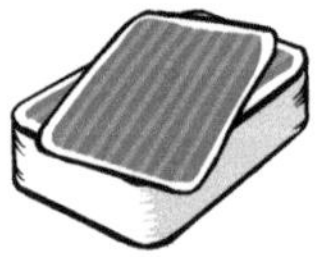

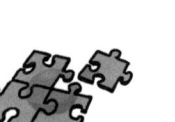

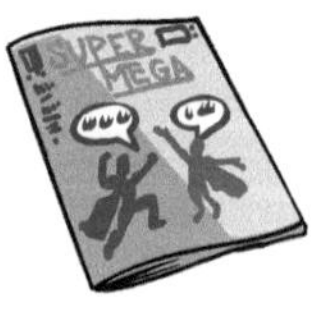

κόμικς

หนังสือการ์ตูน

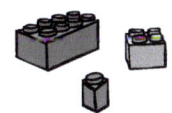

τουβλάκια lego

ตัวต่อเลโก้

τουβλάκια κατασκευών

บล็อกของเล่น

φιγούρα δράσης

ฟิกเกอร์แบบขยับท่าทางได้

βρεφικό φορμάκι

เสื้อผ้าทารก

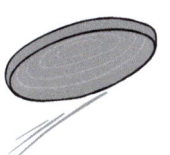

φρίσμπι

จานร่อน

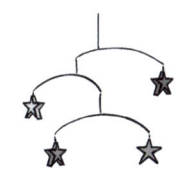

μόμπιλο

โมบายแขวนหัวเตียงเด็ก

επιτραπέζιο παιχνίδι

เกมกระดาน

ζάρια

ลูกเต๋า

σετ τρενάκι

ชุดรถไฟจำลอง

πιπίλα

หุ่น

πάρτι

ปาร์ตี้

εικονογραφημένο βιβλίο

หนังสือภาพ

μπάλα

ลูกบอล

κούκλα

ตุ๊กตา

παίζω

เล่น

σκάμμα με άμμο

หลุมทราย

κούνια

ชิงช้า

παιχνίδια

ของเล่น

κονσόλα βιντεοπαιχνιδιών

เครื่องเล่นวิดีโอเกม

τρίκυκλο

รถจักรยานสามล้อ

αρκουδάκι

ตุ๊กตาหมี

ντουλάπα

ตู้เสื้อผ้า

ρούχα

เสื้อผ้า

κάλτσες

ถุงเท้า

καλτσοδέτες

ถุงน่อง

καλσόν

กางเกงรัดรูป

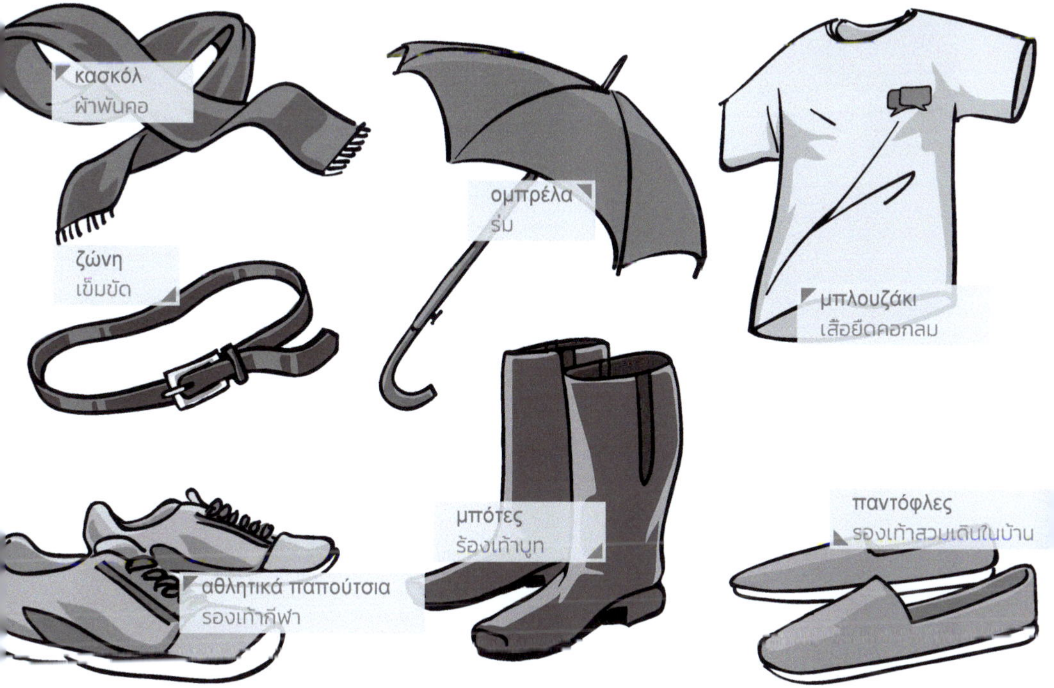

κασκόλ
ผ้าพันคอ

ομπρέλα
ร่ม

ζώνη
เข็มขัด

μπλουζάκι
เสื้อยืดคอกลม

μπότες
รองเท้าบูท

παντόφλες
รองเท้าสวมเดินในบ้าน

αθλητικά παπούτσια
รองเท้ากีฬา

σανδάλια
รองเท้าแตะ

παπούτσια
รองเท้า

γαλότσες
รองเท้าบูทยาง

εσώρουχο
กางเกงชั้นใน

σουτιέν
เสื้อชั้นใน

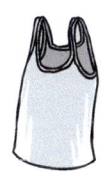

φανέλα
เสื้อกล้าม

σώμα

เสื้อรัดรูป

παντελόνι

กางเกงขายาว

τζιν παντελόνι

กางเกงยีน

φούστα

กระโปรง

μπλούζα

เสื้อเชิตสตรี

πουκάμισο

เสื้อเชิต

πουλόβερ

เสื้อกันหนาว

πουλόβερ

เสื้อคลุมมีหมวก

σακάκι

เสื้อเบลเซอร์

μπουφάν

เสื้อแจ็กเก็ต

παλτό

เสื้อโค้ท

αδιάβροχο πανωφόρι

เสื้อกันฝน

κοστούμι

เครื่องแต่งกาย

φόρεμα

ชุดเดรส

νυφικό

ชุดแต่งงาน

κοστούμι

เสื้อสูท

νυχτικό

ชุดราตรี

πιτζάμες

ชุดนอน

σάρι

ผ้าส่าหรี

μαντήλι

ฮิญาบ

τουρμπάνι

ผ้าโพกศรีษะ

μπούρκα

เสื้อบุรเกาะ

καφτάνι

เสื้อคลุมคาฟตาน

μουσουλμανικό ένδυμα

เสื้อคลุมอบายะห์

ολόσωμο μαγιό

ชุดว่ายน้ำ

ανδρικό μαγιό

กางเกงว่ายน้ำ

σορτς

กางเกงขาสั้น

αθλητική φόρμα

ชุดวอร์ม

ποδιά

ผ้ากันเปื้อน

γάντια

ถุงมือ

κουμπί

กระดุม

γυαλιά

แว่นตา

βραχιόλι

กำไลข้อมือ

περιδέραιο

สร้อยคอ

δαχτυλίδι

แหวน

σκουλαρίκι

ต่างหู

καπέλο

หมวกแก๊ป

κρεμάστρα

ที่แขวนเสื้อโค้ท

καπέλο

หมวกปีกกว้าง

γραβάτα

เนคไท

φερμουάρ

ซิป

κράνος

หมวกกันน็อก

τιράντες

สายโยงกางเกง

μαθητική στολή

ชุดนักเรียน

στολή

เครื่องแบบ

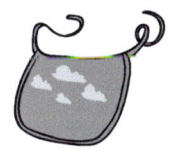

σαλιάρα

ผ้ากันเปื้อนเด็ก

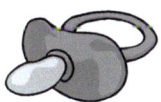

πιπίλα

หุ่น

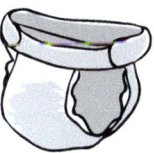

πάνα

ผ้าอ้อม

γραφείο

สำนักงาน

σέρβερ
เซิร์ฟเวอร์
αρχειοθήκη
ตู้เก็บเอกสาร
εκτυπωτής
ปริ้นเตอร์/เครื่องพิมพ์
χαρτί
กระดาษ
οθόνη
หน้าจอ
γραφείο
โต๊ะทำงาน
ποντίκι
เมาส์
ντοσιέ
แฟ้ม
πληκτρολόγιο
แป้นพิมพ์
άθι αχρήστων
ร้าใส่เศษกระดาษที่ไม่ใช้แล้ว
καρέκλα
เก้าอี้
υπολογιστής
คอมพิวเตอร์

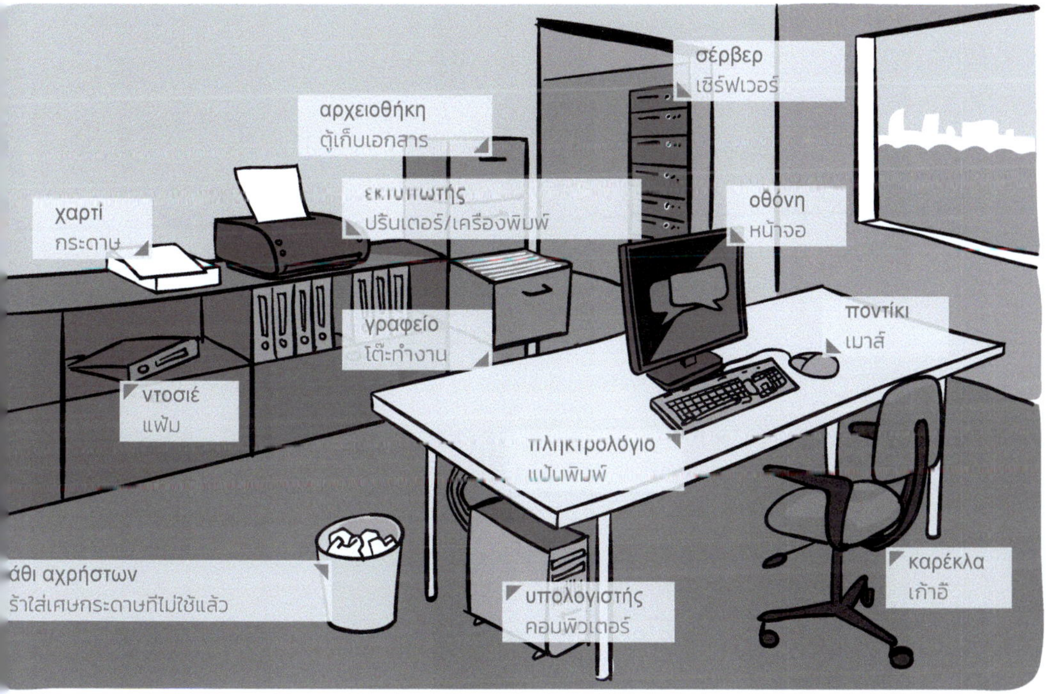

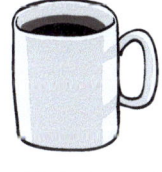

κούπα του καφέ

แก้วมัคใส่กาแฟ

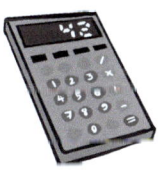

κομπιουτεράκι

เครื่องคิดเลข

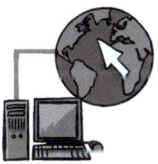

ίντερνετ

อินเตอร์เน็ต

λάπτοπ

คอมพิวเตอร์แบบพกพา

γράμμα

จดหมาย

μήνυμα

ข้อความ

κινητό

โทรศัพท์มือถือ

δίκτυο

เครือข่าย

φωτοτυπικό μηχάνημα

เครื่องถ่ายเอกสาร

λογισμικό

ซอฟต์แวร์

τηλέφωνο

โทรศัพท์

πρίζα

ปลั๊กตัวเมีย/เต้าเสียบ

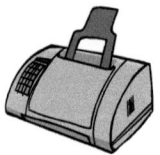

συσκευή φαξ

เครื่องแฟกซ์

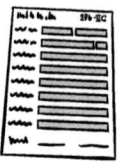

έντυπο

แบบฟอร์ม

έγγραφο

เอกสาร

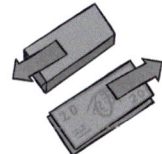

αγοράζω

ซื้อ

πληρώνω

จ่าย

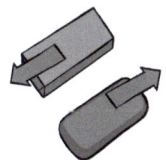

συναλλάσσομαι

แลกเปลี่ยน

χρήματα

เงิน

δολάριο

ดอลลาร์

ευρώ

ยูโร

γιεν

เยน

ρούβλι

รูเบิล

ελβετικό φράγκο

ฟรังก์สวิส

ρενμίνμπι γιουάν

หยวนเหรินหมินปี้

ρουπία

รูปี

ATM (αυτόματη ταμειακή μηχανή)

เครื่องสำหรับกดเงินสดจากธนาคาร

ανταλλακτήρια συναλλάγματος

สำนักงานแลกเปลี่ยนเงินตรา

χρυσός

ทอง

ασήμι

เงิน

πετρέλαιο

น้ำมัน

ενέργεια

พลังงาน

τιμή

ราคา

συμβόλαιο

สัญญา

φόρος

ภาษี

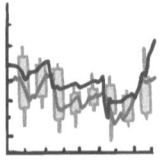

μετοχή

หุ้น

δουλεύω

ทำงาน

υπάλληλος

ลูกจ้าง

εργοδότης

นายจ้าง

εργοστάσιο

โรงงาน

κατάστημα

ร้านค้า

επαγγέλματα
อาชีพ

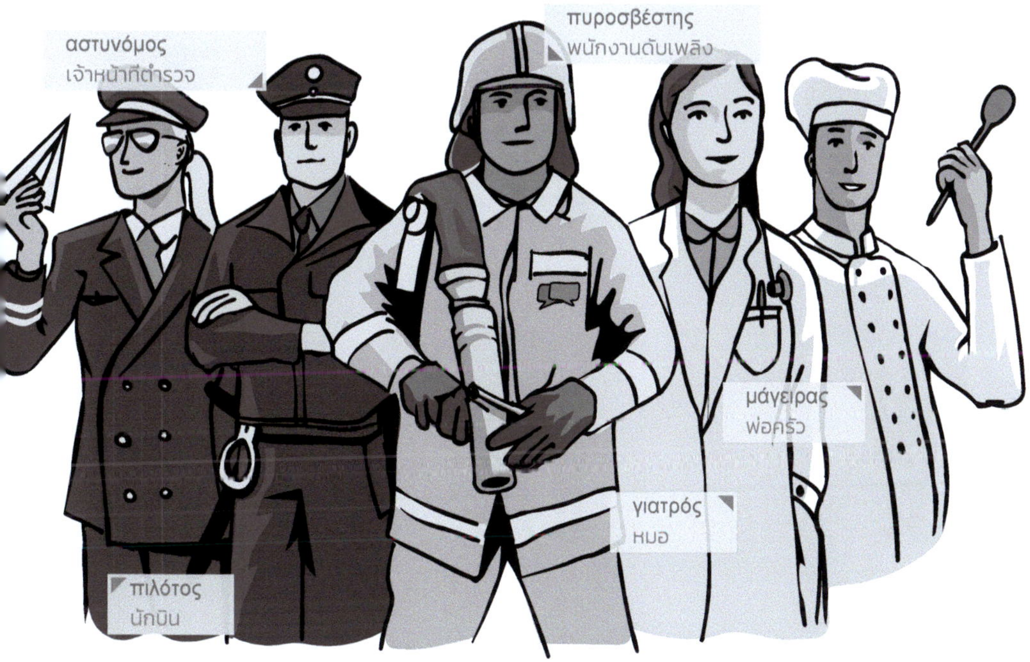
αστυνόμος
เจ้าหน้าที่ตำรวจ
πυροσβέστης
พนักงานดับเพลิง
μάγειρας
พ่อครัว
γιατρός
หมอ
πιλότος
นักบิน

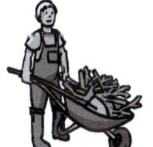

κηπουρός

ชาวสวน

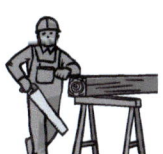

ξυλουργός

ช่างไม้

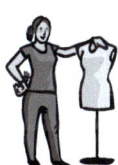

μοδίστρα

ช่างเย็บผ้าที่เป็นผู้หญิง

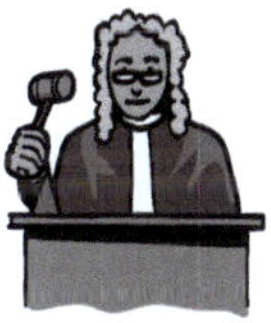

δικαστής

ผู้พิพากษา

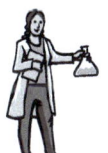

χημικός

นักเคมี

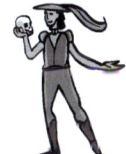

ηθοποιός

นักแสดงชาย

οδηγός λεωφορείου

คนขับรถประจำทาง

ταξιτζής

คนขับรถแท็กซี่

ψαράς

ชาวประมง

καθαρίστρια

แม่บ้านทำความสะอาด

τεχνίτης στεγών

ช่างมุงหลังคา

σερβιτόρος

บริกรชาย

κυνηγός

นายพราน

ζωγράφος

จิตรกร

αρτοποιός

คนทำขนมปัง

ηλεκτρολόγος

ช่างไฟฟ้า

οικοδόμος

ช่างก่อสร้าง

μηχανολόγος

วิศวกร

κρεοπώλης

คนขายเนื้อ

υδραυλικός

ช่างประปา

ταχυδρόμος

บุรุษไปรษณีย์

στρατιώτης

ทหาร

αρχιτέκτονας

สถาปนิก

ταμίας

พนักงานจ่ายเงิน

ανθοπώλης

คนขายดอกไม้

κομμωτής

ช่างทำผม

ελεγκτής εισιτηρίων

พนักงานตรวจตั๋ว

μηχανικός

ช่างซ่อมรถยนต์

καπετάνιος

กัปตัน

οδοντίατρος

ทันตแพทย์

επιστήμονας

นักวิทยาศาสตร์

ραβίνος

แรบไบ

ιμάμης

อิหม่าม

μοναχός

พระ

ιερέας

พระ/นักบวช

εργαλεία

เครื่องมือ

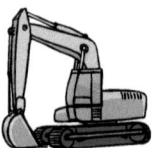

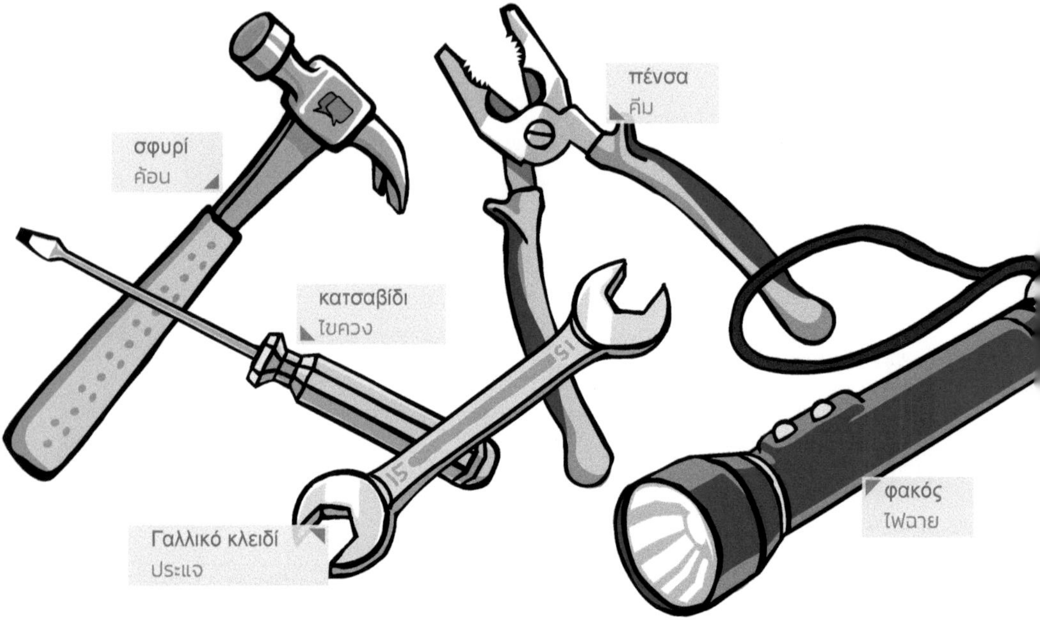

πένσα
คีม
σφυρί
ค้อน
κατσαβίδι
ไขควง
Γαλλικό κλειδί
ประแจ
φακός
ไฟฉาย

εκσκαφέας

เครื่องขุด

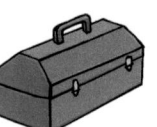

εργαλειοθήκη

กล่องเครื่องมือ

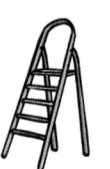

σκάλα

กระได

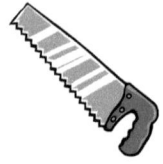

πριόνι

เลื่อย

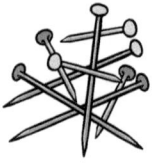

καρφιά

ตะปู

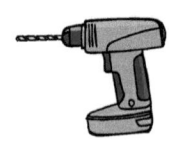

τρυπάνι

สว่าน

επισκευάζω

ซ่อมแซม

φτυάρι

พลั่ว

Να πάρει!

ตายห่า!

φαράσι

ที่โกยขยะ

δοχείο χρωμάτων

ถังสี

βίδες

สกรู

μουσικά όργανα
เครื่องดนตรี

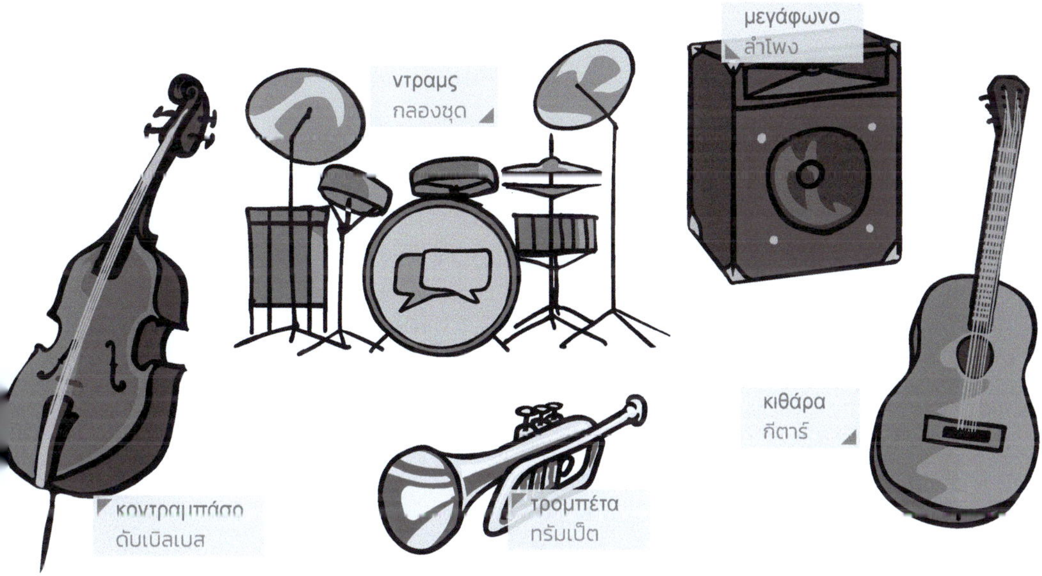

ντραμς
กลองชุด

μεγάφωνο
ลำโพง

κιθάρα
กีตาร์

κοντραμπάσο
ดับเบิลเบส

τρομπέτα
ทรัมเป็ต

πιάνο

เปียโน

βιολί

ไวโอลิน

μπάσο

เบส

τύμπανα

กลองทิมปานี

τύμπανο

กลอง

πλήκτρα

คีย์บอร์ด

σαξόφωνο

แซ็กโซโฟน

φλάουτο

ฟลูต

μικρόφωνο

ไมโครโฟน

ζωολογικός κήπος
สวนสัตว์

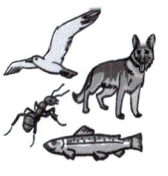

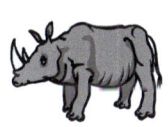

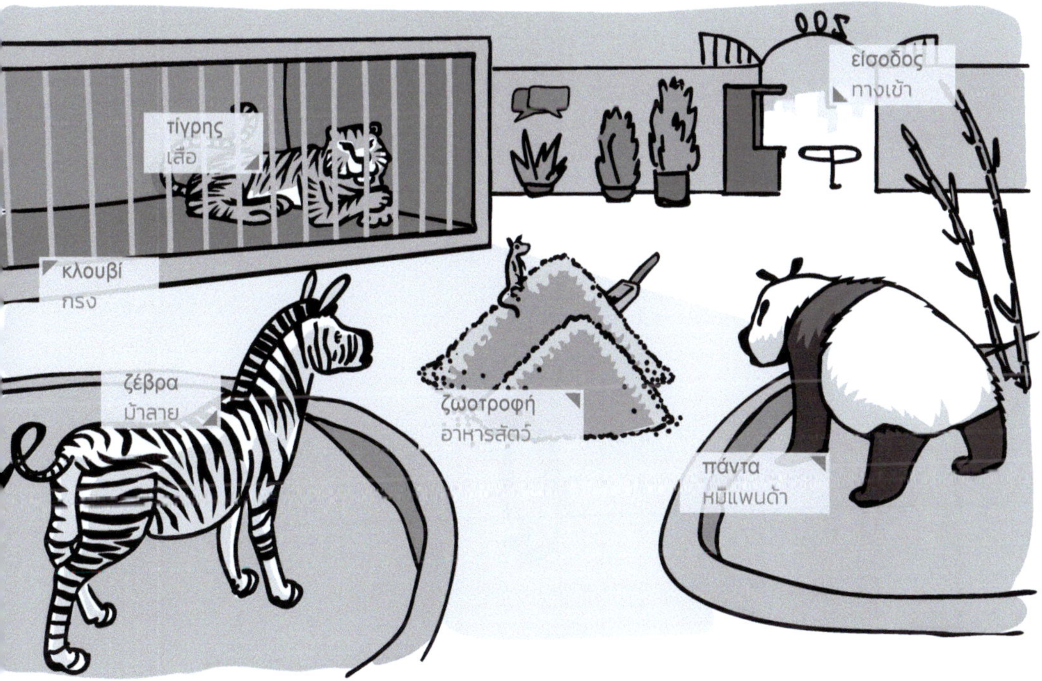

τίγρης
เสือ
είσοδος
ทางเข้า
κλουβί
กรง
ζέβρα
ม้าลาย
ζωοτροφή
อาหารสัตว์
πάντα
หมีแพนด้า

ζώα

สัตว์

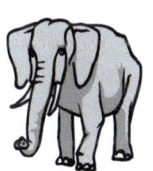

ελέφαντας

ช้าง

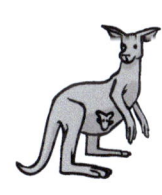

καγκουρό

จิงโจ้

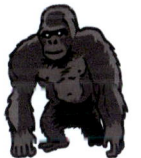

ρινόκερος

แรด

γορίλας

กอริลล่า

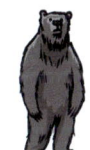

αρκούδα

หมี

καμήλα

อูฐ

στρουθοκάμηλος

นกกระจอกเทศ

λιοντάρι

สิงโต

πίθηκος

ลิง

φλαμίνγκο

นกฟลามิงโก

παπαγάλος

นกแก้ว

πολική αρκούδα

หมีขั้วโลก

πιγκουίνος

เพนกวิน

καρχαρίας

ฉลาม

παγώνι

นกยูง

φίδι

งู

κροκόδειλος

จระเข้

φύλακας ζωολογικού κήπου

ผู้ดูแลสัตว์

φώκια

แมวน้ำ

τζάγκουαρ

เสือจากัวร์

ζωολογικός κήπος - สวนสัตว์

πόνυ

ม้าพันธุ์เล็ก

λεοπάρδαλη

เสือดาว

ιπποπόταμος

ฮิปโป

καμηλοπάρδαλη

ยีราฟ

αετός

เหยี่ยว

αγριογούρουνο

หมูป่าตัวผู้

ψάρι

ปลา

χελώνα

เต่า

θαλάσσιος ίππος

ช้างน้ำ

αλεπού

จิ้งจอก

γαζέλα

กาเซลล์

Αμερικάνικο ποδόσφαιρο
อเมริกันฟุตบอล

ποδηλασία
ขี่จักรยาน

αντισφαίριση
เทนนิส

μπάσκετ
บาสเกตบอล

κολύμβηση
ว่ายน้ำ

πυγχαμία
มวย

χόκεϋ επί πάγου
ฮอคกี้น้ำแข็ง

ποδόσφαιρο
ฟุตบอล

μπάντμιντον
แบดมินตัน

στίβος
กรีฑา

χάντμπολ
แฮนด์บอล

σκι
สกี

πόλο
กีฬาโปโลน้ำ

δραστηριότητες
กิจกรรม

πηδάω
กระโดด
αγκαλιάζω
กอด
γελάω
หัวเราะ
περπατάω
เดิน
τραγουδάω
ร้องเพลง
ονειρεύομαι
ฝัน
προσεύχομαι
ภาวนา/สวดมนต์
φιλάω
จูบ

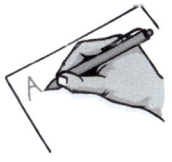

γράφω

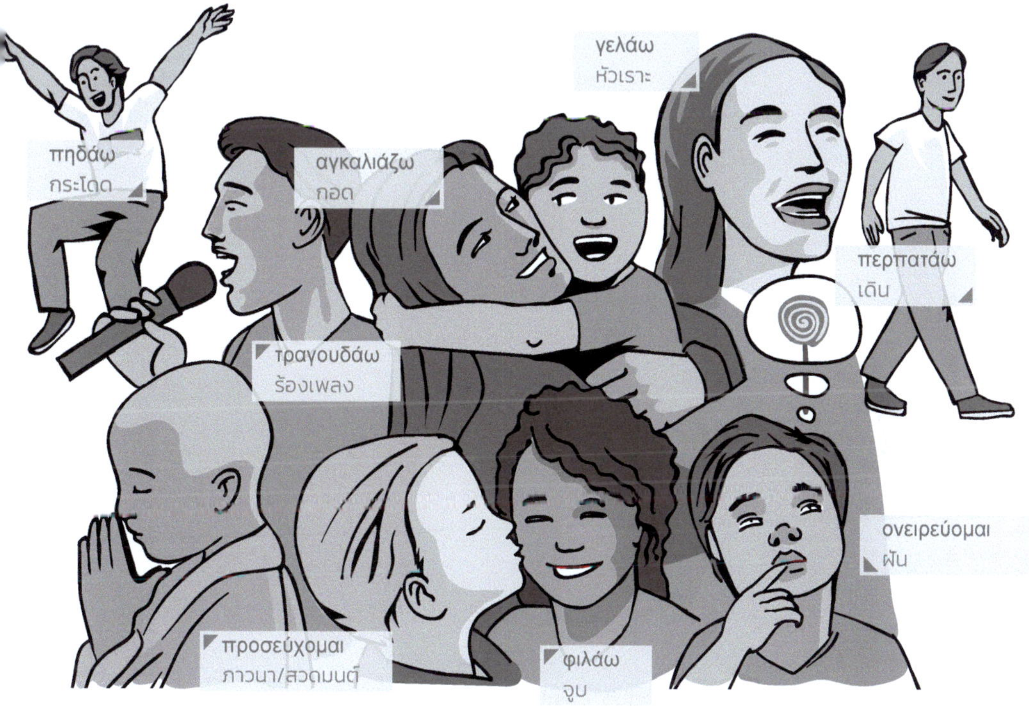

เขียน

σχεδιάζω

วาดภาพ

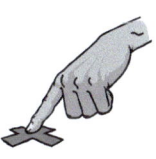

δείχνω

แสดง

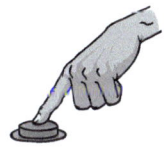

πιέζω

ผลัก

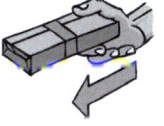

δίνω

ให้

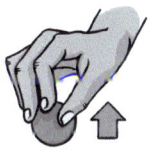

παίρνω

เอาไป

έχω

มี

κάνω

ทำ

είμαι

เป็น

στέκομαι

ยืน

τρέχω

วิ่ง

τραβάω

ดึง

ρίχνω

โยน

πέφτω

ตก/หล่น

ξαπλώνω

นอนเหยียดยาว

περιμένω

รอคอย

κουβαλώ

ถือ

κάθομαι

นั่ง

φοράω

แต่งตัว

κοιμάμαι

นอนหลับ

ξυπνάω

ตื่น

κοιτάω

มองดู

κλαίω

ร้องไห้

χαϊδεύω

ลูบ

χτενίζω

หวีผม

μιλάω

พูดคุย

καταλαβαίνω

เข้าใจ

ρωτάω

ถาม

ακούω

ฟัง

πίνω

ดื่ม

τρώω

กิน

συγυρίζω

จัดให้เป็นระเบียบ

αγαπάω

รัก

μαγειρεύω

ทำอาหาร

οδηγώ

ขับรถ

πετάω

บิน

κάνω ιστιοπλοΐα

ล่องเรือ

υπολογίζω

คำนวณ

διαβάζω

อ่าน

μαθαίνω

เรียนรู้

δουλεύω

ทำงาน

παντρεύομαι

แต่งงาน

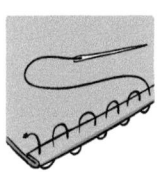

ράβω

เย็บ

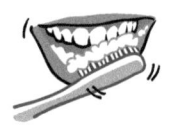

βουρτσίζω τα δόντια

แปรงฟัน

σκοτώνω

ฆ่า

καπνίζω

สูบบุหรี่

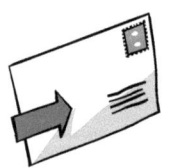

στέλνω

ส่ง

γιαγιά
ย่า/ยาย

παππούς
ปู่/ตา

πατέρας
พ่อ

μητέρα
แม่

μωρό
ทารก

κόρη
ลูกสาว

γιος
ลูกชาย

καλεσμένος

แขก

θεία

ป้า

θείος

ลุง

αδελφός

พี่ชาย/น้องชาย

αδελφή

พี่สาว/น้องสาว

σώμα
ร่างกาย

μέτωπο
หน้าผาก
μάτι
ตา
ώμος
ไหล่
δάχτυλο
นิ้วมือ
πρόσωπο
ใบหน้า
πιγούνι
คาง
χέρι
มือ
πόδι
ขา
στήθος
หน้าอก
βραχίονας
แขน

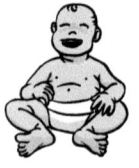

μωρό

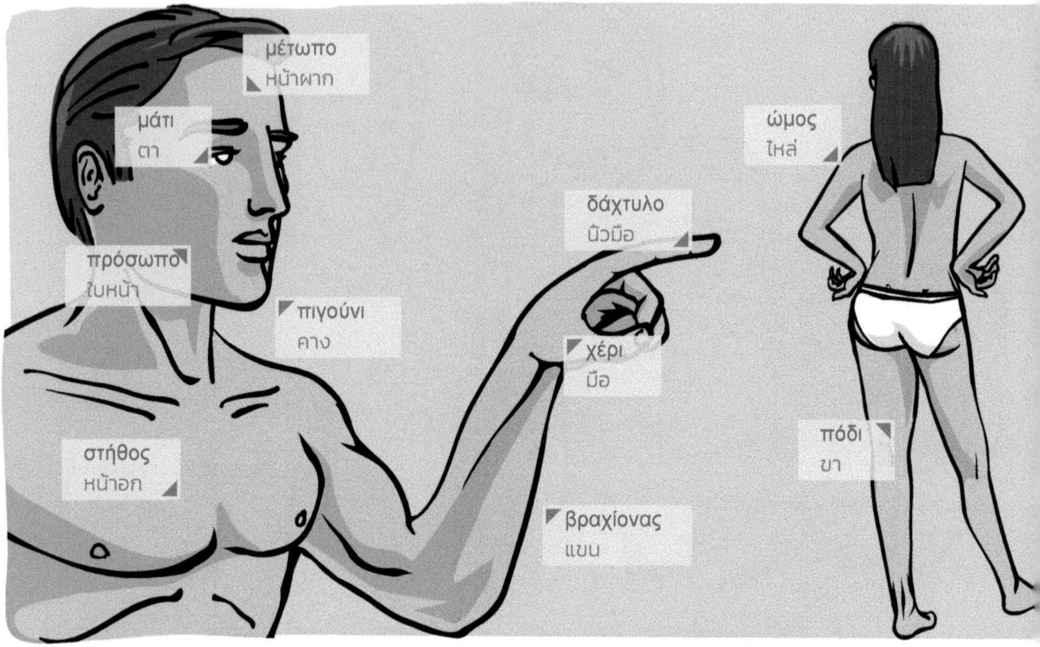

ทารก

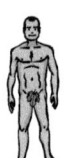

άνδρας

ผู้ชาย

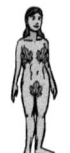

γυναίκα

ผู้หญิง

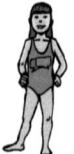

κορίτσι

เด็กผู้หญิง

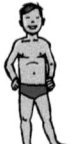

αγόρι

เด็กผู้ชาย

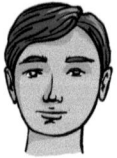

κεφάλι

ศีรษะ

πλάτη

หลัง

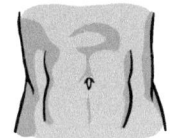

κοιλιά

ท้อง

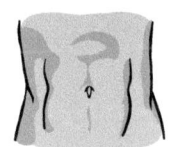

αφαλός

สะดือ

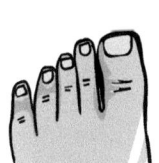

δάχτυλο ποδιού

นิ้วเท้า

φτέρνα

ส้นเท้า

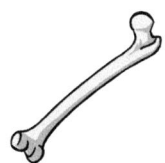

κόκκαλο

กระดูก

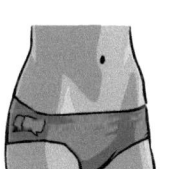

γοφός

สะโพก

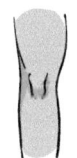

γόνατο

หัวเข่า

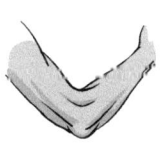

αγκώνας

ข้อศอก

μύτη

จมูก

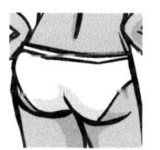

γλουτός

ก้น

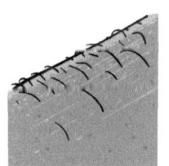

δέρμα

ผิวหนัง

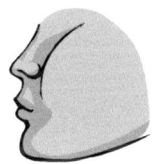

μάγουλο

แก้ม

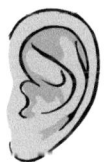

αυτί

หู

χείλος

ริมฝีปาก

στόμα

ปาก

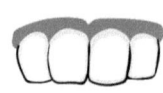

δόντι

ฟัน

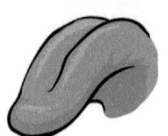

γλώσσα

ลิ้น

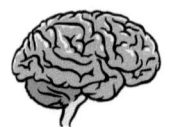

εγκέφαλος

สมอง

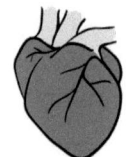

καρδιά

หัวใจ

μυς

กล้ามเนื้อ

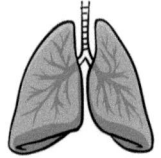

πνεύμονας

ปอด

συκώτι

ตับ

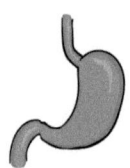

στομάχι

กระเพาะ

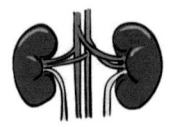

νεφρά

ไต

σεξουαλική επαφή

เพศสัมพันธ์

προφυλακτικό

ถุงยาง

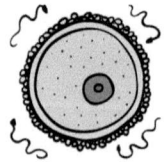

ωάριο

เซลล์ไข่

σπέρμα

น้ำอสุจิ

εγκυμοσύνη

การตั้งครรภ์

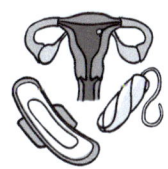

περίοδος

ประจำเดือน

γυναικείος κόλπος

ช่องคลอด

πέος

องคชาต

φρύδι

คิ้ว

μαλλιά

เส้นผม

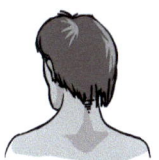

λαιμός

คอ

νοσοκομείο

โรงพยาบาล

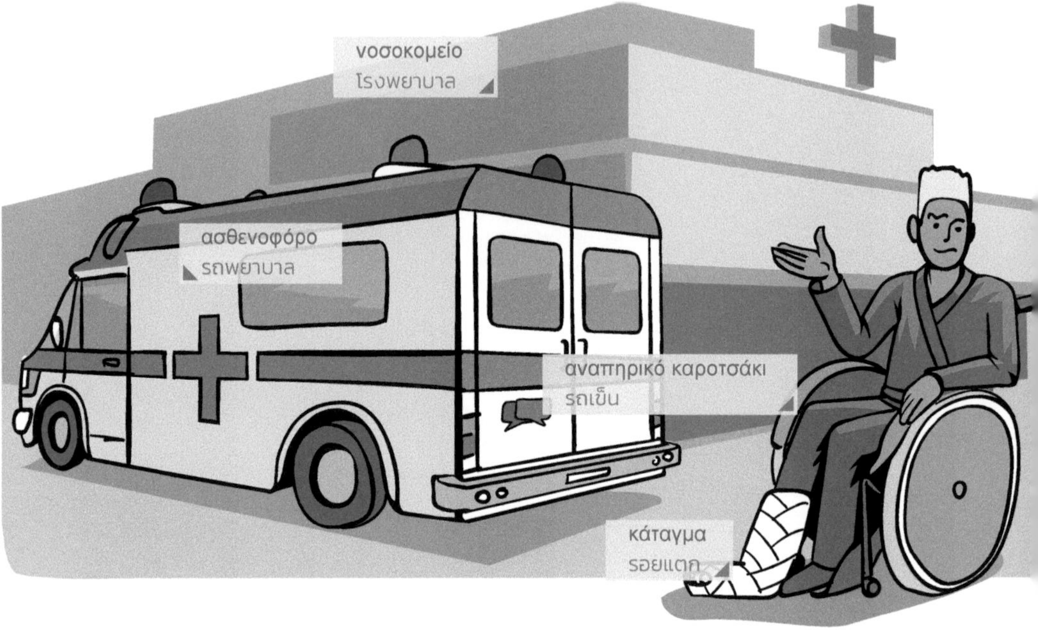

νοσοκομείο
โรงพยาบาล
ασθενοφόρο
รถพยาบาล
αναπηρικό καροτσάκι
รถเข็น
κάταγμα
รอยแตก

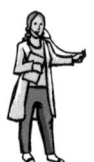

γιατρός

หมอ

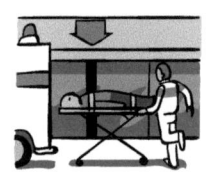

μονάδα εντατικής θεραπείας

ห้องฉุกเฉิน

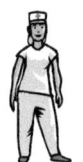

νοσοκόμα

พยาบาล

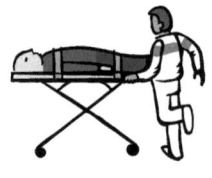

έκτακτη ανάγκη

ฉุกเฉิน

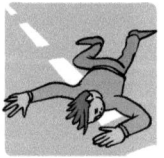

λιπόθυμος

หมดสติ

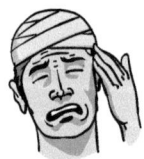

πόνος

อาการเจ็บปวด

τραύμα
การบาดเจ็บ

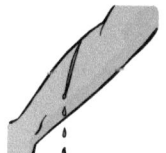

αιμορραγία
เลือดไหล

έμφραγμα
หัวใจวาย

εγκεφαλικό
โรคหลอดเลือดในสมอง

αλλεργία
โรคภูมิแพ้

βήχας
ไอ

πυρετός
ไข้

γρίπη
ไข้หวัด

διάρροια
ท้องเสีย

πονοκέφαλος
การปวดหัว

καρκίνος
มะเร็ง

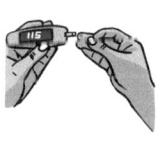

διαβήτης
โรคเบาหวาน

χειρουργός
ศัลยแพทย์

νυστέρι
มีดผ่าตัด

εγχείρηση
การผ่าตัด

αξονική τομογραφία

เครื่องเอกซเรย์คอมพิวเตอร์ควา
มเร็วสูง

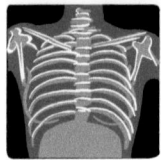

ακτινογραφία

เอกซเรย์

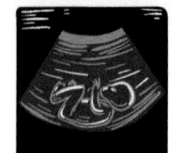

υπέρηχος

อัลตราซาวด์

μάσκα

หน้ากากอนามัย

ασθένεια

โรค

αίθουσα αναμονής

ห้องรอตรวจ

πατερίτσα

ไม้เท้า

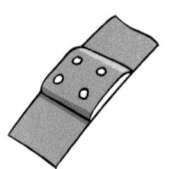

χάνσαπλαστ

ปลาสเตอร์ยา

επίδεσμος

ผ้าพันแผล

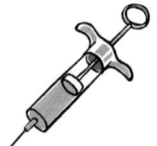

ένεση

ฉีดยา

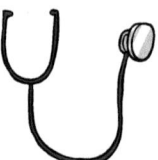

στηθοσκόπιο

เครื่องฟังตรวจ

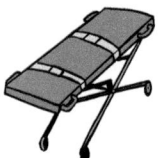

φορείο

เปลหาม

θερμόμετρο

ปรอทวัดไข้

γέννηση

การเกิด

υπέρβαρο

น้ำหนักเกิน

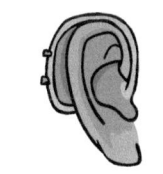

ακουστικό βαρηκοΐας

เครื่องช่วยฟัง

αντισηπτικό

สารฆ่าเชื้อ

λοίμωξη

การติดเชื้อ

ιός

ไวรัส

HIV/AIDS

เอชไอวี/เอดส์

φάρμακο

ยา

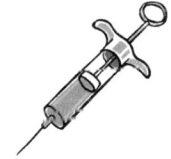

εμβολιασμός

การฉีดวัคซีน

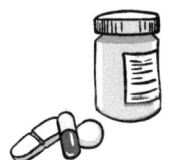

δισκία

ยาเม็ด

χάπι

ยาเม็ดกลม

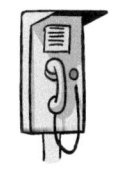

κλήση έκτακτης ανάγκης

โทรออกฉุกเฉิน

πιεσόμετρο αίματος

เครื่องวัดความดันโลหิต

άρρωστος / υγιής

ป่วย/ สุขภาพดี

Βοήθεια!
ช่วยด้วย!

συναγερμός
สัญญาณเตือนภัย

βιαιοπραγία
การทำร้าย

επίθεση
การโจมตี

κίνδυνος
อันตราย

έξοδος κινδύνου
ทางออกฉุกเฉิน

Φωτιά!
ไฟไหม้!

πυροσβεστήρας
ถังดับเพลิง

ατύχημα
อุบัติเหตุ

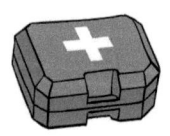

κουτί πρώτων βοηθειών
ชุดปฐมพยาบาลเบื้องต้น

SOS
สัญญาณขอความช่วยเหลือ

αστυνομία
ตำรวจ

Ευρώπη

ยุโรป

Βόρεια Αμερική

อเมริกาเหนือ

Νότια Αμερική

อเมริกาใต้

Αφρική

แอฟริกา

Ασία

เอเชีย

Αυστραλία

ออสเตรเลีย

Ατλαντικός Ωκεανός

แอตแลนติก

Ειρηνικός Ωκεανός

แปซิฟิก

Ινδικός Ωκεανός

มหาสมุทรอินเดีย

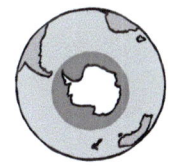

Ανταρκτικός Ωκεανός

มหาสมุทรแอนตาร์กติก

Αρκτικός Ωκεανός

มหาสมุทรอาร์กติก

Βόρειος Πόλος

ขั้วโลกเหนือ

Νότιος Πόλος

ขั้วโลกใต้

Ανταρκτική

แอนตาร์กติกา

Γη

โลก

γη

พื้นดิน

θάλασσα

ทะเล

νησί

เกาะ

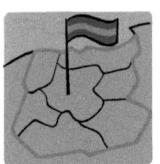

έθνος

ชาติ/ประชาชาติ

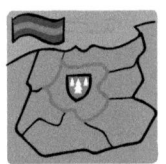

πολιτεία

รัฐ

καντράν ρολογιού

หน้าปัดนาฬิกา

ωροδείκτης

เข็มชั่วโมง

λεπτοδείκτης

เข็มนาที

δείκτης δευτερολέπτων

เข็มวินาที

Τι ώρα είναι;

กี่โมงแล้ว?

ημέρα

วัน

χρόνος

เวลา

τώρα

ตอนนี้

ψηφιακό ρολόι

นาฬิกาดิจิตอล

λεπτό

นาที

ώρα

ชั่วโมง

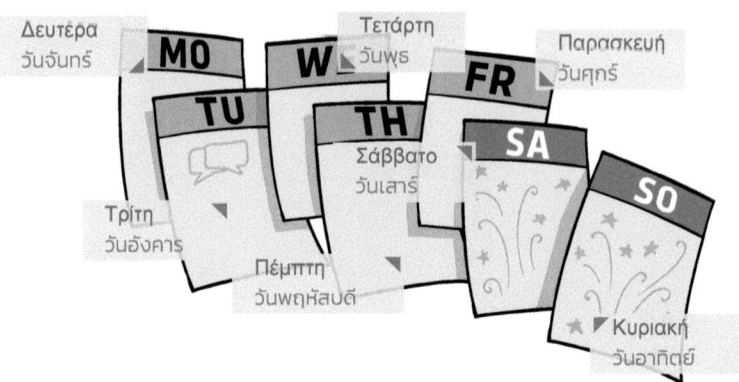

Δευτέρα วันจันทร์ — **MO**
Τετάρτη วันพุธ — **W**
Παρασκευή วันศุกร์ — **FR**
TU
TH Σάββατο วันเสาร์
SA
Τρίτη วันอังคาร
Πέμπτη วันพฤหัสบดี
SO
Κυριακή วันอาทิตย์

χθες

เมื่อวาน

σήμερα

วันนี้

αύριο

พรุ่งนี้

πρωί

ตอนเช้า

μεσημέρι

ตอนเที่ยง

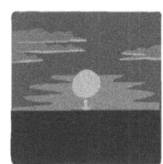

βράδυ

ตอนเย็น

MO	TU	WE	TH	FR	SA	SU
1	2	3	4	5	6	7
8	9	10	11	12	13	14
15	16	17	18	19	20	21
22	23	24	25	26	27	28
29	30	1	2	3	4	

εργάσιμες ημέρες

วันทำการ

MO	TU	WE	TH	FR	SA	SU
1	2	3	4	5	6	7
8	9	10	11	12	13	14
15	16	17	18	19	20	21
22	23	24	25	26	27	28
29	30	31	1	2	3	4

Σαββατοκύριακο

วันสุดสัปดาห์

έτος
ปี

βροχή
ฝนตก
ουράνιο τόξο
รุ้งกินน้ำ
άνεμος
ลม
χιόνι
หิมะ
άνοιξη
ฤดูใบไม้ผลิ
καλοκαίρι
ฤดูร้อน
φθινόπωρο
ฤดูใบไม้ร่วง
χειμώνας
ฤดูหนาว

4.APRIL 11°
5.APRIL 4°
6.APRIL 13°
7.APRIL 8°
8.APRIL 10°

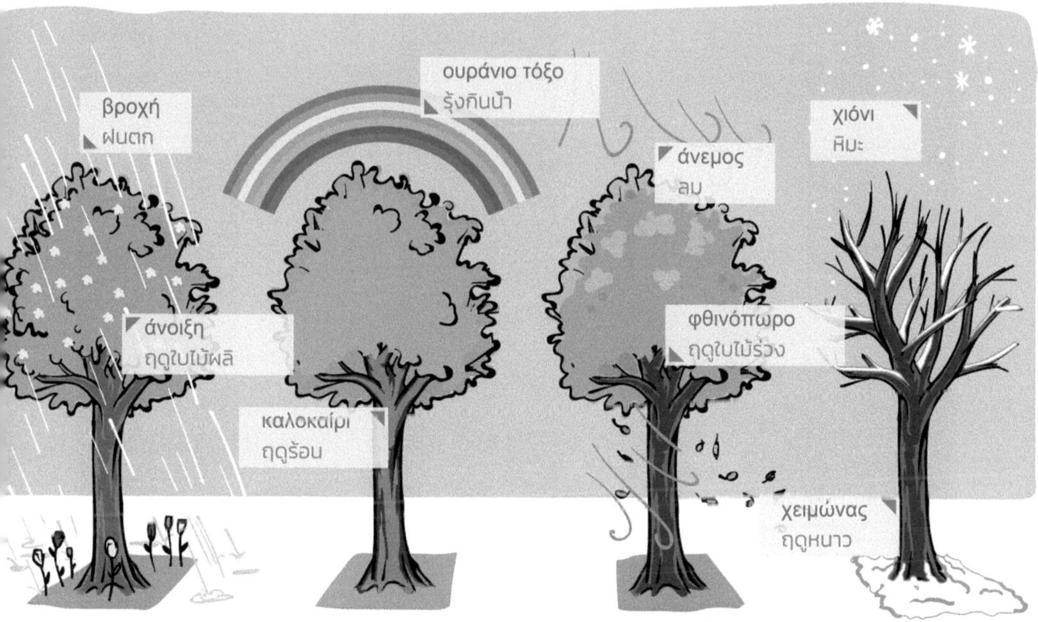

πρόγνωση καιρού

การพยากรณ์อากาศ

F
C

θερμόμετρο

เครื่องวัดอุณหภูมิ

λιακάδα

แสงแดด

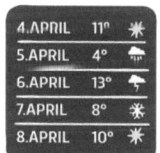

σύννεφο

ก้อนเมฆ

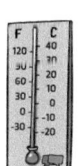

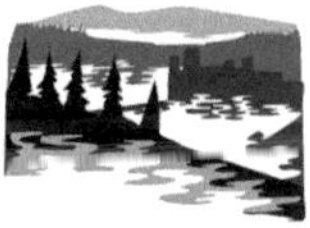

ομίχλη

หมอก

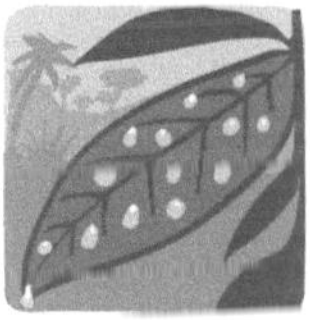

υγρασία

ความชื้น

αστραπή

ฟ้าแลบ/ฟ้าผ่า

κεραυνός

ฟ้าร้อง

καταιγίδα

พายุ

χαλάζι

ลูกเห็บ

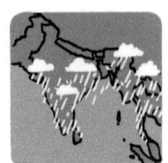

μουσώνας

ลมมรสุม

πλημμύρα

น้ำท่วม

πάγος

น้ำแข็ง

Ιανουάριος

มกราคม

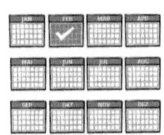

Φεβρουάριος

กุมภาพันธ์

Μάρτιος

มีนาคม

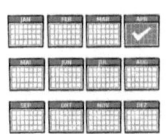

Απρίλιος

เมษายน

Μάιος

พฤษภาคม

Ιούνιος

มิถุนายน

Ιούλιος

กรกฎาคม

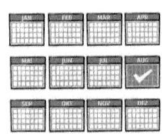

Αύγουστος

สิงหาคม

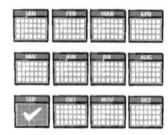

Σεπτέμβριος

กันยายน

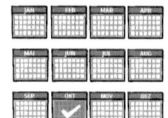

Οκτώβριος

ตุลาคม

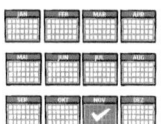

Νοέμβριος

พฤศจิกายน

Δεκέμβριος

ธันวาคม

σχήματα
รูปร่าง

κύκλος

วงกลม

τετράγωνο

สี่เหลี่ยม

ορθογώνιο
παραλληλόγραμμο
สี่เหลี่ยมผืนผ้า

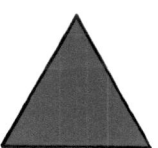

τρίγωνο

สามเหลี่ยม

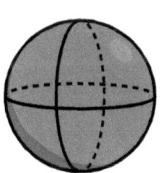

σφαίρα

ทรงกลม

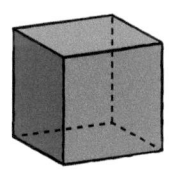

κύβος

ลูกบาศก์

χρώματα

สี

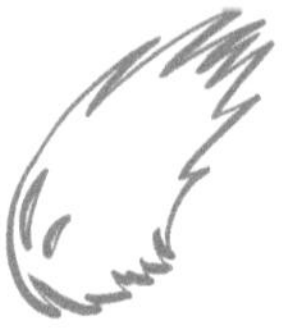

άσπρο

ขาว

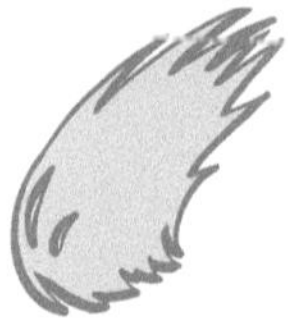

κίτρινο

เหลือง

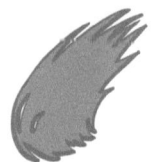

πορτοκαλί

ส้ม

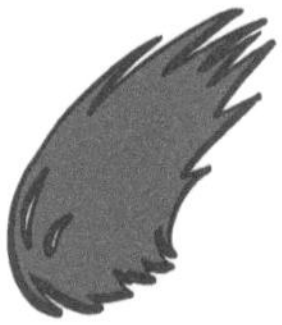

ροζ

ชมพู

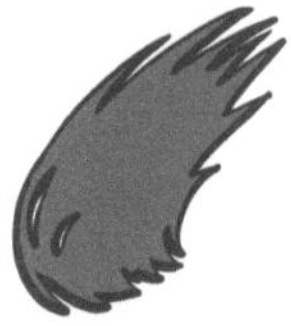

κόκκινο

แดง

μωβ

ม่วง

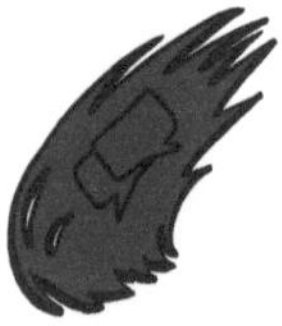

μπλε

ฟ้า

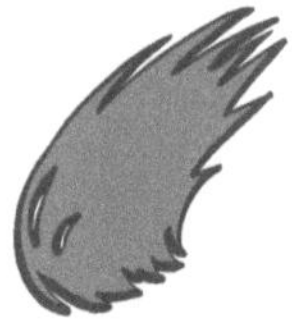

πράσινο

เขียว

καφέ

น้ำตาล

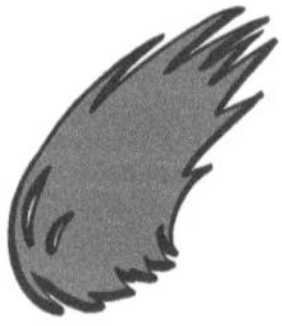

γκρι

เทา

μαύρο

ดำ

πολύ / λίγο

มาก/ น้อย

θυμωμένος / ήρεμος

ฉุนเฉียว/ สงบ

όμορφος / άσχημος

สวยงาม/ น่าเกลียด

αρχή / τέλος

เริ่มต้น/ จบ

μεγάλος / μικρός

ใหญ่/ เล็ก

φωτεινός / σκοτεινός

สว่าง/ มืด

αδελφός / αδελφή

น้องชาย,พี่ชาย/ น้องสาว,พี่สาว

καθαρός / λερωμένος

สะอาด/ สกปรก

πλήρης / ατελής

สมบูรณ์/ ไม่สมบูรณ์

ημέρα / νύχτα

กลางวัน/ กลางคืน

νεκρός / ζωντανός

ตาย/ มีชีวิต

φαρδύς / στενός

กว้าง/ แคบ

βρώσιμος / μη βρώσιμος

กินได้/ กินไม่ได้

κακός / ευγενικός

ชั่วร้าย/ ใจดี

ενθουσιασμένος / βαριεστημένος

น่าตื่นเต้น/ น่าเบื่อ

παχύς / λεπτός

อ้วน/ ผอม

πρώτος / τελευταίος

อย่างแรก/ สุดท้าย

φίλος / εχθρός

เพื่อน/ ศัตรู

γεμάτος / άδειος

เต็ม/ ว่างเปล่า

σκληρός / μαλακός

แข็ง/ นุ่ม

βαρύς / ελαφρύς

หนัก/ เบา

πείνα / δίψα

หิว/ กระหายน้ำ

άρρωστος / υγιής

ป่วย/ สุขภาพดี

παράνομος / νόμιμος

ผิดกฎหมาย/ ถูกกฎหมาย

έξυπνος / χαζός

ฉลาด/ โง่

αριστερός / δεξιός

ซ้าย/ ขวา

κοντινός / μακρινός

ใกล้/ ไกล

καινούριος /
μεταχειρισμένος

ใหม่/ ใช้แล้ว

τίποτα / κάτι

ไม่มี/ บางสิ่งบางอย่าง

γέρος | νέος

แก่/ หนุ่ม

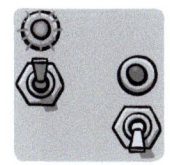

αναμμένος / σβηστός

เปิด/ปิด

ανοιχτός / κλειστός

เปิด/ ปิด

χαμηλόφωνος /
μεγαλόφωνος

เงียบ/ ดัง

πλούσιος / φτωχός

รวย/ จน

σωστός / λανθασμένος

ถูก/ ผิด

τραχύς / λείος

ขรุขระ/ เรียบ

λυπημένος / χαρούμενος

เศร้า/ ดีใจ

κοντός / μακρύς

สั้น/ ยาว

αργός / γρήγορος

ช้า/ เร็ว

υγρός / στεγνός

เปียก/ แห้ง

ζεστός / δροσερός

อบอุ่น/ หนาวเย็น

πόλεμος / ειρήνη

สงคราม/ สันติภาพ

0

μηδέν

ศูนย์

1

ένα

หนึ่ง

2

δύο

สอง

3

τρία

สาม

4

τέσσερα

สี่

5

πέντε

ห้า

6

έξι

หก

7

εφτά

เจ็ด

8

οκτώ

แปด

9

εννιά

เก้า

10

δέκα

สิบ

11

έντεκα

สิบเอ็ด

12
δώδεκα
สิบสอง

13
δεκατρία
สิบสาม

14
δεκατέσσερα
สิบสี่

15
δεκαπέντε
สิบห้า

16
δεκαέξι
สิบหก

17
δεκαεφτά
สิบเจ็ด

18
δεκαοκτώ
สิบแปด

19
δεκαεννέα
สิบเก้า

20
είκοσι
ยี่สิบ

100
εκατό
หนึ่งร้อย

1.000
χίλια
หนึ่งพัน

1.000.000
εκατομμύριο
หนึ่งล้าน

Αγγλικά

ภาษาอังกฤษ

Αμερικάνικα Αγγλικά

ภาษาอังกฤษแบบอเมริกัน

Μανδαρίνικα Κινέζικα

ภาษาจีนแมนดาริน

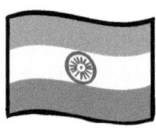

Χίντι

ภาษาฮินดี

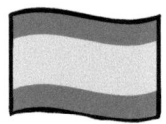

Ισπανικά

ภาษาสเปน

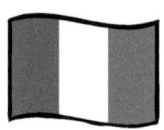

Γαλλικά

ภาษาฝรั่งเศส

Αραβικά

ภาษาอาหรับ

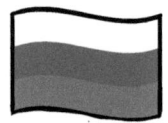

Ρώσικα

ภาษารัสเซีย

Πορτογαλικά

ภาษาโปรตุเกส

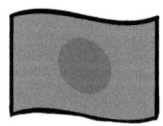

Μπενγκάλι

ภาษาเบงกอล

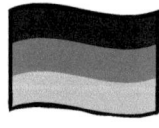

Γερμανικά

ภาษาเยอรมัน

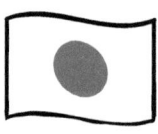

Ιαπωνικά

ภาษาญี่ปุ่น

εγώ

ฉัน

εσύ

เธอ

αυτός / αυτή / αυτό

เขา / หล่อน / มัน

εμείς

พวกเรา

εσείς

พวกคุณ

αυτοί / αυτές / αυτά

พวกเขา

ποιος / ποια / ποιο;

ใคร?

τι;

อะไร?

πως;

อย่างไร?

πού;

ที่ไหน?

πότε;

เมื่อไหร่?

όνομα

ชื่อ

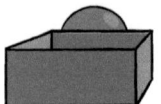

πίσω

ข้างหลัง

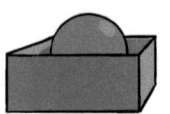

μέσα

ใน

μπροστά

ข้างหน้า

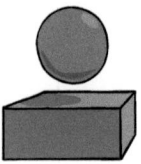

πάνω από

เหนือ

πάνω

บน

κάτω

ใต้

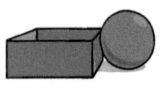

δίπλα

ด้านข้าง

ανάμεσα

ระหว่าง

μέρος

ตำแหน่ง

.